Maria José Rodríguez Blanco

EL NACIMIENTO DEL METRO
SISTEMA MÉTRICO DECIMAL

© MARÍA JOSÉ RODRÍGUEZ BLANCO
© EL SISTEMA MÉTRICO DECIMAL

ISBN papel: 978-84-686-7940-2
ISBN digital: 978-84-686-7941-9

Impreso en España
Editado por Bubok Publishing S.L.

ÍNDICE

1.- INTRODUCCIÓN

Este trabajo está dedicado a una unidad de medida muy importante: el metro. He querido investigar sobre este tema ya que siempre he tenido la curiosidad de saber cómo se instauraron las unidades de medida (capacidad, tiempo, longitud, peso, ...).

Además, quería ver de primera mano el avance tan importante tanto que esta unificación supuso para el ser humano. Por eso decidí que quería conocer paso a paso como el hombre llegó a definir el metro , descubrir sus inquietudes en cada uno de los momentos de la historia.

Para realizarlo he hecho un largo trabajo de búsqueda de información, en bibliotecas, internet, incluso he realizado una excursión a la Plaza de las Glòries, para ver y fotografiar el monumento dedicado al metro. Después de esta etapa de investigación, he tenido que estructurar y ordenar toda la información obtenida, confeccionando un índice. Y a partir de ahí he ido desarrollando cada uno de los temas del libro.

2.- EPÍLOGO

Había una vez un viejo pastor llamado Joel. Él, que toda la vida había pastado rebaños de ganado, sabía que era el pastor con más ovejas del pueblo; pero hasta ese día, aunque nadie sabía el por qué de todo, Joel estaba muy preocupado por las crecientes envidias de sus vecinos y decidió esa misma mañana buscar la manera de averiguarlo. Después de trabajar durante toda la mañana, se tumbó bajo la sombra de una encina dándole vueltas a aquel problema que lo tenía de cabeza. Se entretenía poniendo nombres a sus ovejas, pero por mucho que lo intentaba, siempre le faltaban algunas.

De repente tuvo una gran idea, dibujar en una piedra un palo por cada oveja de su rebaño. Convocó a una reunión con todos sus vecinos para explicarles cómo desde ese día cambiarían sus vidas. En aquella reunión decidieron que cada pastor haría lo mismo. Al cabo de una semana, cuando ya todos lo habían hecho, compararon las piedras y efectivamente la piedra de Joel era la que tenía más palos; por lo tanto, él debía ser él que tenía más ovejas.

En un pueblo vecino muy cercano, sus habitantes también tenían la necesidad de comparar su ganado, por lo cual decidieron dibujar un círculo en una piedra por cada cabeza de oveja. Un día Joel fue a ese pueblo vecino donde conoció a Miquelet y entre ambos decidieron hacer una apuesta para saber quién tenía más ovejas. Joel llevó su piedra con los palitos dibujados, y Miquel la suya con círculos. Cuál fue su sorpresa cuando vieron que no podían comparar, y no podían saber quién de los dos tenía más cabezas de ganado. Necesitaban usar el mismo sistema de numeración, se tenía que unificar criterios.

Esto que les ha pasado a Joel y Miquelet de nuestra historia es lo que a gran escala ha sucedido a lo largo de la historia de la humanidad. No fue hasta la revolución francesa que los hombres de diferentes países se pusieron de acuerdo sobre qué patrones usar. Sin embargo, dentro nuestra sociedad todavía conviven diferentes medidas, por ejemplo las millas y los kilómetros, pero ya esta establecido un sistema internacional de unidades y unas pautas de conversión entre los diferentes sistemas de medida.

3.-   LA CUNA DE LA HUMANIDAD.

La necesidad de contar y medir.

Una de las primeras actividades que el hombre desarrolló es aprender a contar. La contabilidad supuso un conocimiento descriptivo del entorno, pero también un hecho muy importante : la apreciación de la cantidad.

Más tarde las relaciones sociales introdujeron una nueva necesidad: comparar . La comparación consistía en la elección de objetos a partir de los cuales se podía realizar una escala comparativa. Los primeros patrones de medida que se utilizaron fueron las partes del cuerpo humano: brazo, codo, palmo.

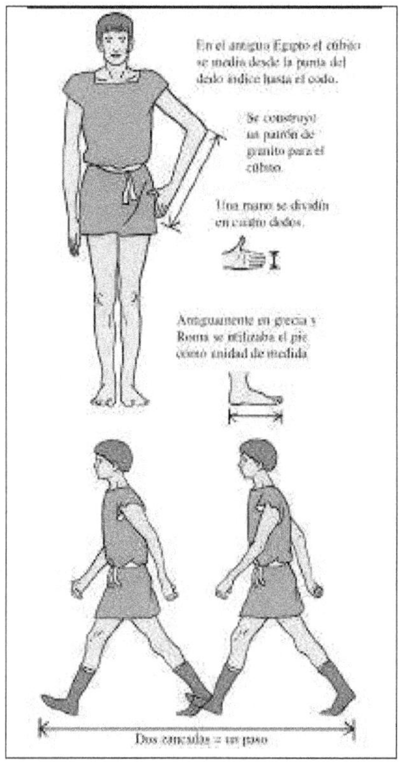

pie, mano abierta, mano cerrada, brazada, paso, ... Cada pueblo optaba por lo que más le gustaba. A menudo, un mismo pueblo escogía diferentes patrones dependiendo del objeto a medir. De este modo conseguían que una unidad pequeña tuviera valores pequeños y otra mayor tuviera valores grandes, siempre intentando que los números que resultaban de comparar magnitudes con el objeto sean sencillos: números de dos o tres cifras y como mucho uno o dos decimales. Por ejemplo, para distancias largas utilizaban unidades de tiempo: un día de viaje a pie o a caballo, pero para medir longitudes cortas podían usar el paso, o los pies.

Cada pueblo, cada cultura, creó su propio sistema de pesar y medir. Pronto, con el intercambio comercial, surgieron los primeros problemas. Primero, el carácter estrictamente local de las unidades de medición y después el hecho que, unidades de igual nombre tuvieran valores diferentes en un lugar y en otro. Por eso una tarea importante del gobierno de cada región, era vigilar el correcto uso de patrones para comprar y vender, para hacer compuestos medicinales, para cobrar impuestos, etc. Rápidamente, se vio la necesidad de buscar unos patrones universales, pero era muy difícil ponerse de acuerdo en unidades de medida sobre todo en el grano, o los líquidos que la medida no puede ser él mismo como pasa con las reses, o con las personas.

Para facilitar esta tarea, desde un principio se usaron múltiplos y submúltiplos de la unidad. En este sentido cada pueblo creó su sistema de subdivisión y de multiplicidad, a menudo, de acuerdo con su sistema de numeración. En este sentido, la base diez (sistema decimal) y la base doce han sido bases privilegiadas para las culturas más importantes. Dentro de la cultura mediterránea, en nuestras actividades cotidianas todavía quedan vestigios de la numeración en base doce, cuando por ejemplo vamos a comprar huevos y pedimos una docena, o media. Hasta el siglo XVIII el sistema métrico ha ido evolucionando y cambiando, al mismo tiempo que lo hacía el mapa político. Todas las civilizaciones han sido conscientes de la necesidad de un sistema métrico único, pero costó mucho que entre ellas se pusieran de acuerdo.

4.- LAS UNIDADES DE MEDIDA ANTIGUAS
4.1.- Babilonia

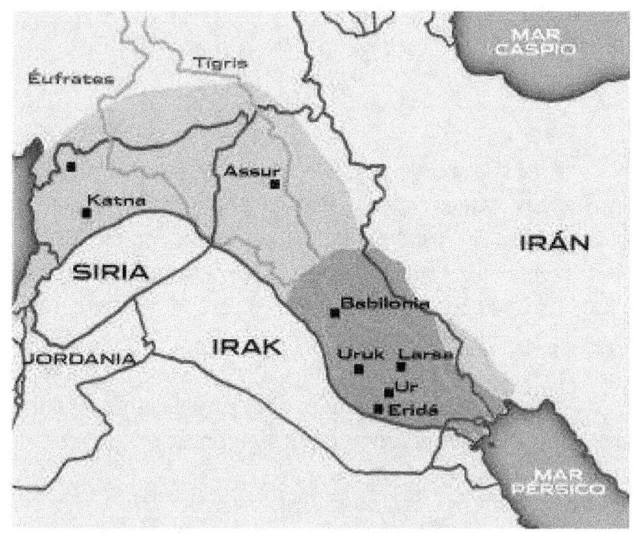

La fértil región de Mesopotamia , entre los ríos Tigris y Éufrates, vio nacer en 3100 a. una de las civilizaciones más influyentes en el mundo, la civilización Babilónica. Entorno a esta ciudad se produjo la invención de la escritura, el nacimiento de las matemáticas y los grandes experimentos en el sistema de regadío.

Uno de los grandes avances de la escritura cuneiforme fue la introducción para los números de la notación de posición, que simplifica enormemente los cálculos.

Su principal unidad de medida es la vara y sus divisores: codo, ancho de mano y dedo.

> 1 VARA = 2 CODOS = 6 ANCHOS DE MANO = 24 DEDOS

En estos sistemas de medida primitivos, hay que distinguir

entre las unidades comunes y las unidades reales. Según este esquema y con las imprecisiones de la falta de patrones actualmente se considera como buena la aproximación arqueológica siguiente:

$$\boxed{\begin{array}{l} \text{VARA COMÚN} = 0'495 \text{ m} \\ \text{VARA REAL} = 0'55 \text{ m} \end{array}}$$

Este sistema de unidades se ha podido saber gracias a los hallazgos arqueológicos. Una de las más importantes en este sentido, es la estatua Caldea, descubierta en 1877, y que representa al Príncipe de Gudea. Actualmente este resto arqueológico se encuentra en el museo de Louvre y en ella se puede ver una regla graduada.

Las unidades de superficie que empleaban los babilónicos están representadas en la tabla siguiente:

Unitades de superficie	Equivalencia
Kus quadrado	Aprox. 50 cm^2
Gar quadrado	144 kus quadrados
Bur babilónico	Aprox. 800 hectáreas

4.2.- Egipto

Hacia el 3500 a.C. los egipcios fundaron a lo largo de la fértil ribera del Nilo una de las civilizaciones de más larga duración. Bajo los dominios de los faraones y con un gran cuerpo sacerdotal, los egipcios se han hecho famosos por sus técnicas de construcción con piedra, su escritura jeroglífica y su elaborado culto a los muertos.

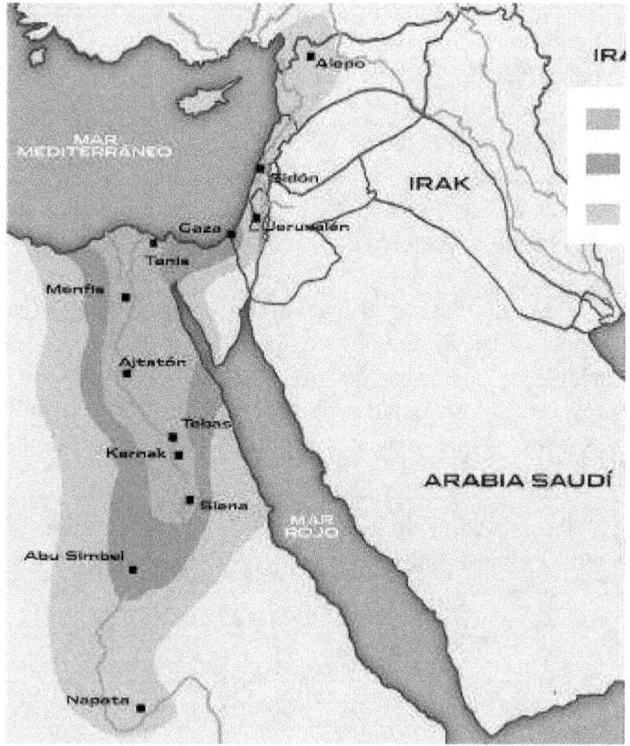

En el antiguo Egipto desconocían la notación de posición, que los obligaba a repetir los símbolos tantas veces como fuera necesarias.

En la cultura egipcia también se utilizaron múltiples y submúltiplos pero no se utilizaron de forma sistemática. Así, de la unidad de longitud el codo (se llamaba a una faraónica o cúbito egipcio) definida como la longitud del antebrazo del faraón, derivaban múltiples decimales como la vara (100 codos) y submúltiplos sexagesimal como la palma (sexta parte de un codo).

Como ocurria en la cultura babilónica hay diferencia entre el codo real o codo grande de 0'525 y el codo común o codo pequeño de 0'450 m.

Este sistema de unidades se ha podido saber gracias a que en tiempos de la IV dinastía y debido a las medida efectuadas en la pirámide de Keops se ha podido determina con exactitud que el codo real equivale a 0'5237 m.

Diversos autores hablan de otras unidades sagradas denominadas Piramidales o Sagradas, pero no hay ninguna evidencia científica de la existencia de estas unidades. Respecto a las unidades de superficie los egipcios utilizaban las medidas que se pueden encontrar en el cuadro siguiente:

Unitades de super-fície	Equivalencia
Remen quadrado	400 dedos egipcios
Un codo de tierra	100 codos reales cuadrados
Setat, arura	10000 codos reales cuadrados
Un millar de terra	10 setats
Una tierra de guerrero	12 setats = 416 hectáreas.

4.3.- Grecia

En el s. V a.C. y hasta el s. III d.C. la civilización griega produjo arte, filosofía, ideas políticas que han ejercido una gran influencia sobre todas las sociedades posteriores, especialmente sobre la occidental.

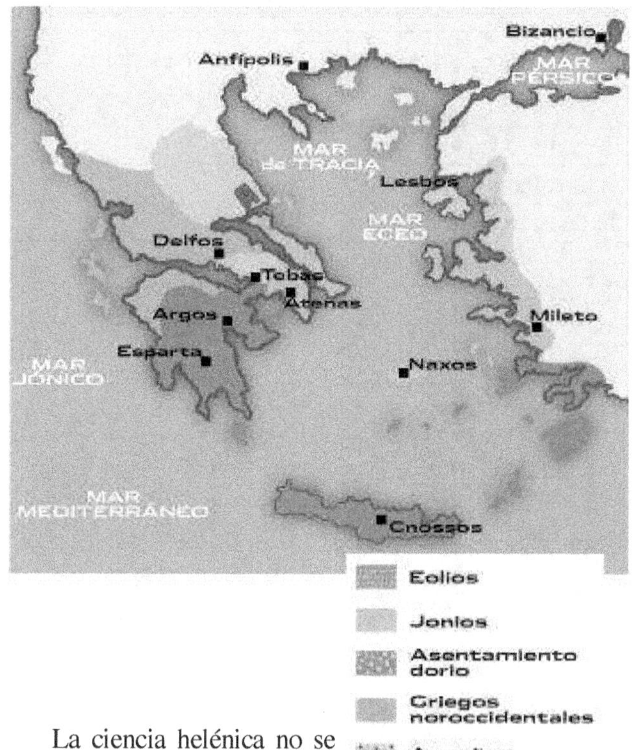

La ciencia helénica no se desarrolló del mismo modo en todas las disciplinas. Los griegos consiguieron importantes avances en medicina , matemáticas e historia natural.

Al igual que en las anteriores civilizaciones, fueron utilizados como unidades de medida los atributos del cuerpo humano. El estadio griego equivalía a 100 pasos dobles, aproximadamente 600 pies.

Las unidades de medida en la   civilización   griega están

representadas en la tabla siguiente:

Unidades de superfície	Equivalencia
Tetra gyon pou (pie Cuadrado)	$0'87$ m^2
Akaina (pértica cuadrada)	$8'76$ m^2
Pletron (fanega)	876 m^2
Gyes	Campo labrado en un día
Tetragyon	4 gyes

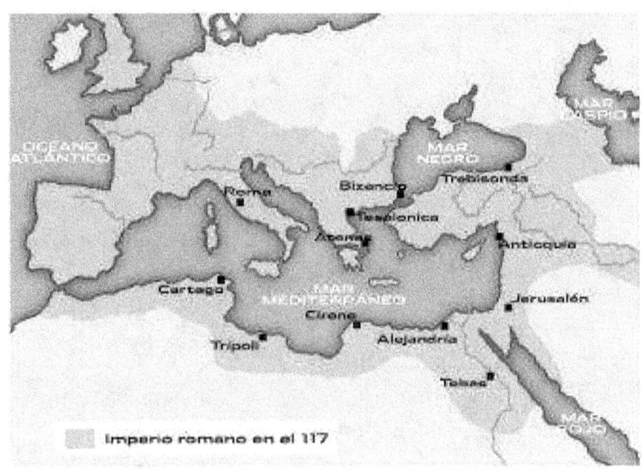

Roma pasó de ser un pueblo de pastores en Italia central a convertirse en el centro de un imperio que controlaba la mayor parte de la Europa Occidental. Su expansión se basó en la disciplina y la habilidad militar, alcanzado durante el gobierno de Trajano (98-117 d.C.) a controlar la región que se puede ver en el siguiente mapa:

El Imperio romano dominó buena parte de Europa desde 27 a.C. hasta el 476 d.C. Durante este dominación romana la cultura, las matemáticas y las ciencias naturales van a seguir siendo patrimonio griego. La ciudad de Alejandría convertirse en el centro del conocimiento científico.

Los romanos utilizaron como unidad de longitud el colza romano (cubitus o ulna) que equivalen a 0'4436 m. En los siguientes cuadros podemos encontrar las medidas de longitud y superficie más usuales dentro del período de dominación romano.

MEDIDAS DE LONGITUD		
Nombre latín	Castellano	Equivalencia en metros
Pes	Pie	0'2957
Digitus	Dedo	0'01848
Palmus	Palma	0'0739
Palmipes	Mano	0'3696
Cubitus o ulna	Codo	0'4436
Gradus	Grado	0'739
Passus	Paso	1'479
Decempeda o pertica	Doble paso	2'957
Actus		38'489
Mille passus	Milla	1478'500
Stadium	Estadio	

MEDIDAS DE LONGITUD		
Nombre latín	Nombre castellano	Equivalencia en metros
Pes quadratus	Pie cuadrado	0'0874
Decempeda scripulum	Doble paso cuadrado	8'74
Cima		314'64
Actus quadratus		1259'1
Iugerum	Jovada	2518'2
Heredium		5036'4
Centuria	Centuria	503640
Saltus		2014600

4.5.- Inglaterra

Situada al Norte de Europa, Inglaterra ha tenido a lo largo de la historia una gran influencia sobre todo el mundo. La época es de gran esplendor del imperio británico la encontramos en el s. XIX en plena revolución industrial y estableciendo colonias todo el mundo.

Inglaterra es una de las pocas civilizaciones que ha mantenido vigente sus unidades de medida tradicionales.

En la actualidad en Estados Unidos y en la propia Inglaterra conviven los sistema métrico internacional junto con el tradicional inglés.

En las siguientes tablas se muestran las equivalencias entre las unidades del sistema anglosajón con el sistema internacional.

MEDIDAS DE LONGITUD		
Nombre inglés	Nombre castellano	Equivalencia en metros
yard	yarda	0'9144
foot	pie	0'3048
inch	pulgada	0'0254
rod	pértiga	5'0292
furlong	estadio	201'168
mile	milla	1609'34
league	legua	4827
MEDIDAS DE SUPERFICIE		
Nombre inglés	Nombre castellano	Equivalencia en m^2
acre	acre	4046'85

4.6.- España

España, situada en la Península Ibérica, ha ido cambiando su territorio a lo largo de la historia. Su máxima extensión la alcanzó con la conquista de los territorios americanos (s. XVI) y las colonias africanas (s. XIX).

La cultura española siempre ha estado llena de influencias dominantes. La más importante ha sido la del imperio romano, que ha dejado huellas que perduran hasta la actualidad, la más relevante: los idiomas (catalán, castellano, gallego). Pero también ha tenido otras muy influyentes, como por ejemplo la islámica.

Las unidades de medida han estado muy condicionadas por los cambios culturales, así en un primer momento se utilizaron las medidas romanas. Pero posteriormente, con la llegada de los bárbaros se añadieron nuevas, y a partir del siglo XI, con la creciente influencia de la cultura islámica, se volvieron a añadir, dejando una gran diversidad de unidades en todo el territorio.

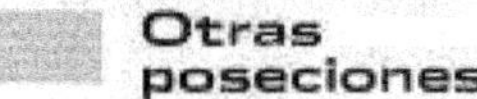

Poseciones españolas

1 Virreinato de Nueva Granada.
2 Virreinato de Nueva España.
3 Virreinato del Perú.
4. Virreinato del Río de la Plata.
5. Capitanía general y presidencia de Chile.

Poseciones portuguesas

1 Virreinato del Brasil.

Otras poseciones

7. Colonia de Sacramento.
8. Guauan a Británica.
9. Guauan a Holandesa.
10. Guauan a Francesa.

Ante esta diversidad, no hace falta decir que los intentos de unificación fueron constantes. El primero fue en el s. VIII cuando Carlomagno intentó unificar el sistema de medidas nada estableciendo un patrón de longitud de unos 325 mm (pie del rey) pero esta tentativa desapareció con su imperio. Y no fue hasta la implementación del metro en el s. XIX, cuando la unificación se produjo. En 1852 se editó en la "Gaceta de Madrid" la correspondencia oficial entre las antiguas medidas con las medidas legales, esto está representado con la siguiente tabla:

MESURES DE LONGITUD		
Provincia	Medidas usuales	Equiv. m^2
Àlaba	Vara castellana	0'8359
Albacete	La seva vara	0'837
Alacant	La seva vara	0'912
Almeria	La seva vara	0'833
Àvila	Vara castellana	0'8359
Badajoz	Vara castellana	0'8359
Barcelona	Cana, 8 palmells	1'555
Biscaia	Vara castellana	0'8359
Burgos	Vara castellana	0'8359
Càceres	Vara castellana	0'8359
Cadis	Vara castellana	0'8359
Canàries	La seva vara	0'842
Castelló	La seva vara	0'906
Ciudad Real	La seva vara	0'839
Córdoba	Vara castellana	0'8359
Corunya	Vara madrilenya	0'813

Cuenca	Vara castellana	0'8359
Girona	La seva vara	1'559
Granada	Vara castellana	0'8359
Guadalajara	Vara castellana	0'8359
Guipúscoa	La seva vara	0'837
Huelva	Vara castellana	0'8359
Osca	La seva vara	0'772
Jaén	La seva vara	0'839
Lleida	½ cana, 4 palmells	0'778
Logronyo	La seva vara	0'837
Lugo	La seva vara	0'855
Madrid	La seva vara	0'813
Màlaga	Vara castellana	0'8359
Mallorca	Destre	4'214
Múrcia	Vara castellana	0'8359
Orense	Vara castellana	0'8359
Oviedo	Vara castellana	0'8359
Palència	Vara castellana	0'8359
Palma	½ cana, 4 palmells	0'782
Pamplona	La seva vara	0'785
Pontevedra	Vara castellana	0'8359
Salamanca	Vara castellana	0'8359
Santander	Vara castellana	0'8359
Segòvia	Vara d'Albacete	0'837
Sevilla	Vara castellana	0'8359
Sòria	Vara castellana	0'8359

Tarragona	½ cana, 4 palmells	0'780
Teruel	La seva vara	0'768
Toledo	La seva vara	0'837
València	La seva vara	0'906
Valladolid	Vara castellana	0'8359
Zamora	Vara castellana	0'8359

4.7.- Cataluña

Cataluña situada dentro de la península ibérica también ha recibido las influencias romanas e islámicas. Su proximidad al Mediterráneo ha hecho que siempre haya sido un pueblo muy comerciante con lo cual siempre se ha encontrado con el problema de la diversidad de las unidades de medida.

Los Países Catalanes abrasivo desde la actual Cataluña, Aragón, la Comunidad Valenciana y las islas Baleares. Aparte del intento de unificación de Carlomagno, que ya se ha comentado en el apartado anterior, Jaime también lo intentó en varias ocasiones, creando unidad de medidas como la vara, jovada, ...

En los siglos XIII y XIV, la documentación muestra un cambio rápido a las unidades de medida (al menos en los nombres) que se mantuvieron hasta las cortes de Monzón de 1585, donde se llevó a cabo la unificación de la metrología catalana. Se tomaron como patrones las unidades vigentes en Barcelona ya que la ciudad era el principal foco comercial y sus unidades de medida eran las más conocidas por los mercaderes extranjeros. También se confeccionaron una lista detallada de las unidades existentes y su equivalencia con las barcelonesas.

Esta lista ha sido muy relevante para el conocimiento de la metrología catalana tradicional y hoy en día aún se conserva. La unificación, sin embargo, no se consiguió, sin embargo, y hubo una notable simplificación de las unidades utilizadas: muchos lugares abandonar sus unidades tradicional para adoptar las de su centro comarcal. Estas medidas ya perduraron hasta la adopción del sistema métrico decimal pesar de los intentos de Felipe V (1739) y Carlos IV (1801) de imponer las medidas castellanas.

La característica principal de la metrología catalana es

su gran complejidad. No sólo el número de unidades es muy grande y variando según las circunstancias, sino que además, el mismo nombre puede tener varios valores y sus divisores pueden tener relaciones diferentes entre ellos.

Las medidas catalanas pueden clasificarse en diferentes grupos:

■·**Medidas antropológicas**: Basadas en distancias del cuerpo humano que más tarde fueron normalizadas en patrones para evitar arbitrariedades. Las más importantes fueron: el pie, el paso, la pulgada, el cuerpo, el brazo, el dedo, la brazada y la fuerza.

■·**Medidas con patrones**:
　　⬛ El diestro o caña diestro : era la medida básica medieval propia de Barcelona. Se dividía en doce palmos diestro, y cada palmo diestro en doce minutos, y a la vez cada minuto se dividía en doce líneas.
　　• La caña : era el tamaño propia de caña, de la Cataluña Norte y de las Islas. Sus divisiones eran:

> 1 CANA = 8 PALMOS = 32 CUARTOS = 2 PASOS = 6 PIES

La caña se empleaba especialmente en el comercio y en mediciones de terrenos.

　　• La vara: era el tamaño propia del País Valenciano y de la Cataluña Occidental. Se dividía en:

> 1 VARA = 4 PALMOS = 3 PIES

▪'Medidas itinerarias: Las más conocidas fueron la legua , la hora de camino y la milla marina. Estos tamaños tienen diferentes valores dependiendo de la zona geográfica, incluido en Barcelona había la legua antigua (4320 canas) y la legua jurídica (2700 canas) que convivían según el uso.

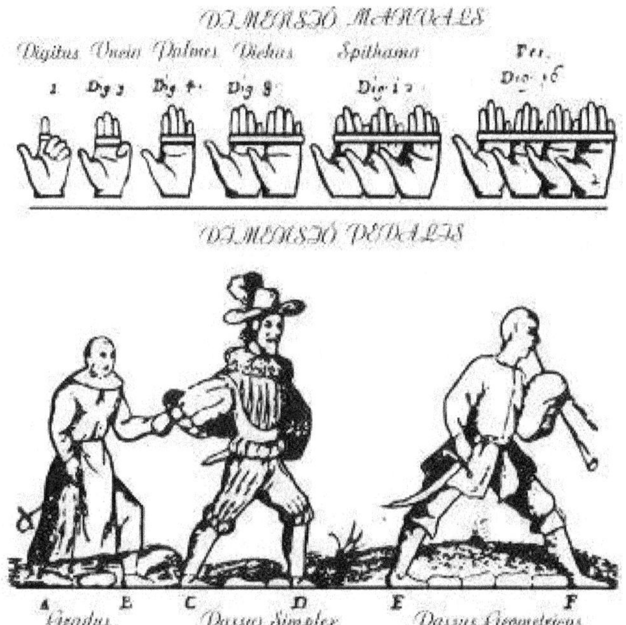

5.- UNIDADES DE MEDIDA EN TEXTOS RELIGIOSOS

En varios "Libros Santos " de diferentes religiones, encontramos pensamientos religiosos entremezclados con recomendaciones para la vida terrenal, sobre la moral dietética, higiene o de política. Algunas de estas recomendaciones hablan sobre las unidades de pesas y medida y fueron utilizadas con base inicial para establecer reglamentos que constituyen los principios básicos la metrología. Es más, en muchas culturas los dioses eran los que fijaban patrones de medida, es decir, las medidas procedían de los dioses.

Podemos citar las frases siguientes:

5.1.-   La Bíblia

"No tendrás en tu mano dos clases de pesas, una para comprar y otra para vender. Deberás tener un peso exacto y justo, a fin de que tus días se prolonguen en la tierra que te ha dado Dios, ya que se abominable lo que realice estas cosas".

"La utilización de una falsa balanza es una acción abominable, el no poseer pesas justas constituyen el gran délito".

5.2.-   El Corán

"En nombre de Ala , el Misericordioso, desgraciados aquellos que defraudan en el peso o en la medida; cuando miden contra los otros utilizan una medida completa, pero cuando miden o pesan para ellos la disminuyen".

5.3.-   El Talmud

"El tendero está obligado a limpiar sus medidas dos veces por semana , sus pesas una vez a la semana y las balanzas después de cada pesada".

1 VARA = 4 PALMOS = 3 PIES

6.- LA REVOLUCIÓN FRANCESA.

La necesidad de una medida universal

6.1.-LA NECESIDAD DE UNA MEDIDA UNIVERSAL

Como se ha podido ver, en la antigüedad se utilizaban muchas unidades de medida como la vara, la caña, el diestro que tenían valores diferentes según la zona geográfica donde nos encontráramos. Los inconvenientes de tener esta gran diversidad de unidades eran cada vez más importantes, sobre todo en el comercio y en desarrollo científico. Además, el sistema feudal abusó de esta diversidad de unidades, ya que los patrones correspondientes a las unidades de medida eran escogidos por la nobleza de forma arbitraria y siempre provechosa para sus intereses, utilizando, por ejemplo, patrones más grandes para la recaudación de los impuestos.

Ya se ha dicho que los intentos de unificación por parte de los gobernantes y de las monarquías fueron constantes, pero fracasaron, todos ellos se toparon con la ignorancia y con la reticencia de los pueblos para abandonar sus costumbres. Para conseguir la unificación del sistema de medida, habían dos requisitos: el primero, garantizado por el espíritu de la revolución, era un cambio de mentalidad de la sociedad; y el segundo era una evolución en el sistema de medición de longitudes. Los avances científicos del siglo XVIII, especialmente en el campo de la óptica, la geografía, la geometría y la astronomía, hizo posible este cambio, posibilitando encontrar una unidad de medida universal basada en una dimensión geográfica.

Los científicos ya habían propuesto posibles patrones por la unidad de medida, por ejemplo en el 1670, Gabriel Montou, vicario de la iglesia de San Pablo de Lio, proponer la introducción de un sistema decimal basado en la longitud del arco de meridiano terrestre correspondiente al ángulo de un minuto ; pero había otras propuestas que captaron más adeptos como la que hicieron , Picard, en 1672, y Huygens, en 1673 , que indicaron como unidad más óptima la de esta por la oscilación   instalación de un péndulo en un segundo.

En Francia el problema de una unidad universal cada vez era más importante. Ya en el 1788, cuando Luis XVI convoca a los Estados Generales, (asamblea con la representación de los tres estamentos que formaban la sociedad francesa: nobleza , iglesia y tercer estado) , 310 delegaciones de todo el país reclaman una reforma en las unidades de peso y medida. El año siguiente con el estallido de la revolución francesa, aceleró el camino hacia una unidad universal.

6.2.- LA REVOLUCIÓN FRANCESA

La Revolución francesa fue un conflicto social y político que tuvo lugar en Francia entre 1789 y 1799. Este acontecimiento tan importante dentro de la historia contemporánea se inició con la convocatoria del Estados Generales en Versalles, el 5 de Mayo de 1789. La reunión de los representantes los tres estamentos lo precipitó todo: el 17 de junio el tercer estado autoproclamó Asamblea General. Este fue el inicio de la revolución francesa pero también fue el comienzo de una gran revolución intelectual y científico que se desarrolló de forma paralela.

Los motivos que impulsaron este derribo el Antiguo Régimen son muchos y complejos , pero hay que decir que aparte de la lucha entre clases también existieron razones políticas, culturales e ideológicas que intervinieron en el desarrollo de este acontecimiento histórico tan importante.

El establecimiento de la República Francesa tuvo lugar el 22 de septiembre de 1792. Como ya se ha citado, el espíritu de la revolución no fue sólo a nivel político y social, sino que también trajo nuevos planteamientos científicos y culturales. Dentro de este marco de cambios, donde hay que entender que las medidas de la edad media todavía presentes en la sociedad eran totalmente obsoletas. Había que derribar definitivamente del antiguo régimen, e imponer modernidad.

Sus consecuencias, al igual que los orígenes, también abrazaron diferentes ámbitos; a nivel político la revolución provocó la abolición de la monarquía y la proclamación de la primera República; y en el mundo científico uno de los cambios más relevantes fue el Sistema Métrico Decimal.

6.3. LA DEFINICIÓN DEL METRO

Evidentemente el problema de la unificación de pesos y medidas a nivel internacional exigía encuentra unas unidades científicamente universales, aceptables para todos, y, a la vez, había que conseguir un sistema en base diez para de facilitar los cálculos. Todo comenzó, en Marzo de 1790 cuando Carlos Mauricio de Talleyrand propuso al Asamblea Nacional un reto verdaderamente revolucionario, la creación de un sistema uniforme de pesos y medidas que pudiera ser aceptada por todas las naciones del mundo. La nueva unidad había de ser:

Una unidad universal extraída directamente de la naturaleza.

La sugerencia fue aceptada en la orden del 8 de mayo de 1790, y confirmada por el rey Luis XVI el 22 de agosto del mismo año. En aquel primer momento, Talleyrand defendió la idea de Picard y Huygens ya que parecía posible la adopción de la unidad basada en la oscilación durante un segundo, del péndulo situado a 45° de latitud. En este caso, siendo la ecuación del péndulo la siguiente:

$$T = 2\pi\sqrt{\frac{l}{g}}$$

La unidad estándar de longitud sería:

$$l = g\left(\frac{T}{2\pi}\right)^2$$

A pesar de esta propuesta inicial, el decreto de la Asamblea Nacional dejaba toda la responsabilidad a las Academias de las Ciencias de París y Londres. Serían estas instituciones las encargadas de elaborar una propuesta conjunta del sistema uniforme. Inglaterra rechazó el proyecto francés, y la Academia de Ciencias se quedó sola ante este reto.

La Academia de las Ciencias de París asignó el encargo a un Comité, encabezado por Legendre, Gattey y Concquebert. Estos matemáticos, tenían claros los requisitos que era necesario que tuviera esta nueva unidad:

➢· Había que fijar una base de numeración. No fue un tema fácil. Pero, pese a la oposición de Lagrange (que defendía la base 11 por ser un número primero) y otros científicos, como Lavosier, que se decantaban por 12 (por tener muchos divisores), se decidió dar prioridad en la facilidad por cálculo, y escoger la base 10.

➤ La unidad de longitud, serviría también para las áreas y los volúmenes.

➤ Sólo habría una unidad básica para todos los tamaños, adecuando las unidades usando múltiplos y submúltiplos, anteponiendo prefijos griegos y latinos respectivamente.

➤ Después definieron la unidad de peso (no distinguían entre el peso y la masa) como la de una millonésima de la unidad de volumen (es decir 1 cm3) llena de agua a 4 °C.

La academia consideró la idea propuesta por Talleyrand. Y ya sea porque el metro no dependiera de una unidad temporal; o porque la longitud del péndulo no era universal, ya que depende de la latitud; o simplemente porque el comité estaba impresionado con los cálculos que había hecho Legendre para medir el meridiano terrestres, el 19 de marzo de 1791, propuso la sustitución del péndulo para otra unidad procedente de la naturaleza. Propusieron como unidad

"La diezmillonésima parte del cuadrante de meridiano terrestre"

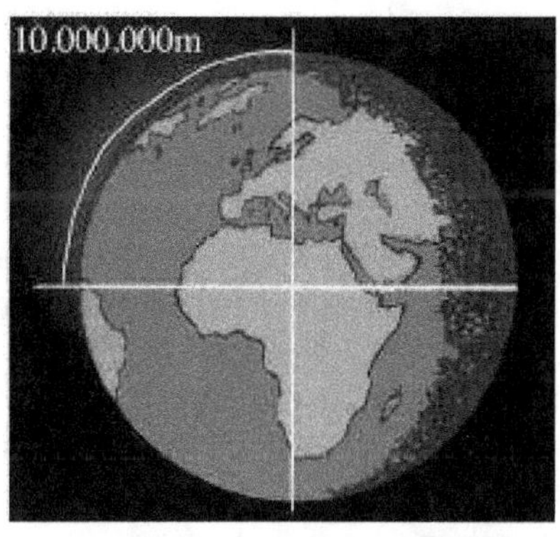

La nueva unidad se llamaría metro (del griego metron, que quiere decir medida) y se dividiría siguiendo un sistema decimal: utilizando los prefijos griegos por los múltiples (miria-, kilo, hectá-, deca ...); y los terminos latinos por los divisores (deci-, centi-, mili...).

Esta reforma no abarcaba sólo a las unidades de longitudes, sino que iba mucho más allá con la definición de área, litro, gramo, estaba el grados Celsius y una nueva moneda el franco. También hubo un intento por cambiar el sistema de medición del tiempo, introduciendo el sistema decimal en las unidades de tiempo, pero no tuvo éxito y rápidamente se abolió.

Ante la imposibilidad de medir todo el cuarto de meridiano, desde el Polo Norte hasta el ecuador, se optó por calcular un trozo y luego encontrar matemáticamente el valor total. El arco de meridiano escogido para este logro fue el arco entre Dunkerque y Barcelona.

¿Por qué estas dos ciudades?

En el informe del 19 de Marzo, se explican las razones científicas de escoger estas dos poblaciones como extremos de la medición del meridiano. Primero porque, había que los extremos estuvieran a nivel de mar, y el meridianode París tocaba el mar en la ciudad de Dunkerque, en el Mar del Norte, y Barcelona, en el Mediterráneo. Además, Barcelona estaba suficientemente alejada de los Pirineos como para que estos no afectaran en la dirección vertical, en el momento de determinar la latitud del extremo inferior el arco. Además, de esta manera el punto medio del meridiano se situaría cerca del paralelo 45, lo que conllevaba ventajas para el cálculo matemático total.

` Pero esta argumentos científicos, ocultaban los verdaderos motivos de la elecciones de estas dos ciudades como extremos de la medición. Hay que decir, que los errores esperados en medir esta distancia, eran admisibles. en ese momento ya se conocía que la tierra no era perfectamente esférica y, por consiguiente, pese a situarnos en torno al paralelo 45°, no se podía esperar unos resultados plenamente fiables. Eran razones extra - científicas para esta elección. primero de todo, la necesidad de la Academia de las Ciencias para demostrar su utilidad, ya que se planteaba su disolución como residuo del antiguo régimen. Pero también, el hecho de que un extremo se situare fuera de Francia, hacia más fácil la internacionalización de la unidad. Además, ante la negativa inglesa, el Reino de España era una importante influencia para que la medida fuera aceptada más rápidamente por otros países.

La decisión era plenamente justificada y la Assemblea National ordenó realizar la medición del meridiano entre Dunkerque y Barcelona. Para la medición del arco meridiano, la academia nominó tres miembros que habían realizado muy satisfactoriamente un encargo semejante unos cuantos años antes: Cassini, Méchain y Legendre. los tres científicos habían participado en las triangulaciones geodésicas hechas para comprobar las posiciones relativas del observatorios de París y Londres, y eso las hacían los candidatos ideales para aceptar el gran reto. Sin embargo, el 17 de Marzo de 1792, Legendre pidió a la Academia ser relevado de esta tarea, y Cassini, no pudo ser nombrado debido a su implicación en los acontecimientos políticos que sacudían todo el país. Finalmente, el 26 de Marzo de 1792, la Academia propuso los científicos Méchain y Delambre para llevar a cabo esta gran tarea.

7.- MEDICIÓN DEL MERIDIANO TERRESTRE.
7.1.- La medición: Dunkerque – Barcelona

Como ya se ha dicho la decisión estaba tomada. Pierre Francois André Méchain y Jean Baptiste Joseph Delambre serían los encargados de medir el arco de meridiano términos terrestre entre Dunkerque y Barcelona. Delambre mediría la parte norte, de Dunkerque hasta Rodez, y Méchain desde esta ciudad hasta la capital catalana.

La técnica que utilizarían es la triangulación geodésica. Se trazaría una cadena de triángulos, los vértices de los cuales serían montañas situadas sobre el meridiano, y se calcularían sus dimensiones a partir de la medida de dos bases o longitudes de entre 6 y 10 kilómetros. Estas longitudes serían medidas con el patrón más perfecto que existía en Francia en ese momento: la denominada "Toesa de la academia" que materializaba la longitud de una toesa, que fue la medida nacional francesa hasta la adopción del metro.

Entre la aprobación del proyecto por parte de la convención, el 19 de Marzo del 1791, y el inicio de la expedición transcurrió más de un año, ya que era necesario preparar los mejores instrumentos para lograr la máxima precisión posible. Entre el equipaje había un círculo repetidor de Borda, termómetros, un hidrómetro, grandes focos luminosos para mediciones nocturnas, y para medir las longitudes sobre el terreno, cuatro reglas metálicas.

38

Como que la medida de las longitudes iniciales eran fundamentales, era importantísimo tener el círculo de reflexión de Borda y las reglas muy bien construido; por eso se encargaron al mejor constructor de instrumentos científicos francés, ÉtienneLenoir, el mismo que construyó unos años más tarde los primeros patrones del metro.

Círculo repetidor de Borda, instrumento científico utilizado por Delambre y Méchain en la técnica de triangulación para medir ángulos con la más alta precisión de la época.

Por fin, el 25 de junio de 1792, comienza la aventura. La Academia preveía una duración de 2 años, pero ya veremos que debido a diferentes acontecimientos históricos tardarán más de 6 años.

A Delambre le correspondió la parte norte, que medía unas 380.000 toesas (tramo más largo que el tramo de Méchain que sólo hacía 170.000 toesas). Esta diferencia era debida a que, en principio, Delambre tan sólo tenía que repetir las mediciones llevadas a cabo por Cassini anteriormente. ¿Cuál fue la sorpresa de Delambre cuando vio que gran parte de la red geodésica utilizada por Cassini estaba dañada, y debía comenzar el proyecto casi de nuevo.

Además, la situación política del país cada vez era más crítica. El primero de Enero de 1794 Delambre fue destituido por el Comité de Bienestar Público, obligándole a entregar todos los cálculos realizados. Delambre se retiró al campo, hasta que el 7 de abril de 1795 recibió la autorización para proseguir su tarea. Después de este período de inactividad Delambre retomó su tarea ya hasta el final, el 27 de Agosto del 1797, en Rodez , donde se había de encontrar con Méchain. Tan sólo faltaban medir las latitudes y las dos bases, la base principal, cerca de París, en Melun, y la de control al sur de Perpiñán. Pero su compañero Mechain no llegó, así que decidió hacerlo solo.

En el sur Méchain tuvo muchas dificultades. Mechain decidió comenzar su trabajo en la parte española. El 22 de Abril de 1792 se solicitó la colaboración de Carlos IV, rey de España, el cual aceptó y asignó a la operación a dos matemáticos civiles : José Chaiz, vice – rector del observatorio de Madrid, y Juan Peñalver. Además , a ellos se unieron los marineros José González, capitán " Corzo " y los científicos oficiales Francisco Planes, Miguel Bueno, y Miguel Álvarez. Méchain llegó a Barcelona el 10 de julio de 1792, donde se encontró con González y juntos establecieron el plan de trabajo.

Escogieron las montañas entre Barcelona y los Pirineos que serían los vértices de los triángulos catalanes y se discutió un nuevo proyecto que los españoles propusieron el científico francés. Los españoles pensaban que si el arco acababa en Mallorca en lugar de Barcelona, su punto medio estaría situado más exactamente sobre el paralelo 45, y el resultado sería más fiable. De aceptarse esta propuesta habría que bajar hacia el sur, escoger montañas adecuadas para trazar nuevos triángulos, y pasar a Mallorca para encontrar montañas desde las que se viera la península, y además, habría que hacer una triangulación interna dentro de las islas Baleares.

Esta idea de prolongación del arco de meridiano hasta Baleares, y más concretamente hasta la pequeña isla de Cabrera, no era nueva. El marinero y astrónomo José Mendoza ya la había propuesto en la Academia de las Ciencias de París antes de iniciar la medición. pero Méchain llegó a España sin la autorización para llevar a cabo esta prolongación. La recibió, por parte de la Convención Nacional Francesa, el 27 de Octubre de 1792. Hasta entonces la expedición de Méchain ya había medido los triángulos que tenían sus vértices en Calmelles, Mare de Déu del Mont, Puigsacalm, Rocacorba, Puig Rodó, Matagalls, Montserrat, Monte Matas, Vallvidrera, Santa Cruz de la Olodre y Montjuïc. La estación más meridional de la primera de las cadenas proyectadas, ya fuera de Barcelona. Méchain acabaría de medir los ángulos de esta primera fase el 29 de octubre.

Después de estos primeras mediciones del azimut y la latitud, volvió con González, convertido en director de operaciones de la parte española, y el resto de científicos, en las estaciones del Norte para concluir la medición definitiva de esta zona.

Después de estas mediciones de los ángulos entre los vértices de los triángulos, ya de regreso a la ciudad condal, en diciembre de 1792, González pasó por Mallorca con el Corzo para efectuar un reconocimiento de las montañas e iluminar una de sus cimas con el fin de que Méchain comprobara si era posible medir un gran triángulo sobre el mar, operación jamás realizada anteriormente.

Así pues, desde lo alto del monte Mayor de Mallorca, la noche del 16 de Diciembre, González encendió una luz orientada hacia Montjuïc, que Méchain percibió con el telescopio pero no con las lentes del su instrumento para medir los ángulos, el círculo de Borda. Méchain, decidió que con los instrumentos de que disponía no era posible la unión geodésica de Baleares con la cordillera litoral catalana, del norte de Barcelona. Así que, el astrónomo francés concluyó las operaciones para determinar la latitud de Montjuïc y se preparó para volver por el norte y pasar a Francia, para unir los triángulos españoles con los franceses y concluir su estudio.

Un acontecimiento imprevisto alteró sus planes. El 21 de enero de 1793 Luis XVI era guillotinado en París, y comenzaban las tensiones políticas entre España y Francia. El capitán general de Cataluña le dio permiso para que continuara sus estudios por tierras catalanas pero le prohibió acercarse cerca de la frontera, por miedo a que sus actividades no se pudiesen interpretar como acciones de información y espionaje. Méchain aprovechó este período de inactividad para hacer algunas observaciones astronómicas y visitar algunos intelectuales catalanes; asimismo, envió a uno de sus colaboradores de confianza, Tranchot , ingeniero y geógrafo, hacia las montañas del Sur en busca de algún lugar idóneo para la unión con las Baleares.

La guerra con Francia se declaró el 7 de Marzo, pero a pesar de todo, Méchain consiguió el permiso para terminar su trabajo en la frontera, pero no para volver a Francia. Tranchot fue quien, arriesgando su vida, cruzó la frontera para poder terminar las triangulaciones que conectaban a los dos países.

El 3 de Noviembre de 1793, las últimas mediciones en tierras catalanas estaban terminadas. Méchain consiguió hacer llegar sus datos a París, y en ese mismo año, cuando todavía faltaba para precisar la medición definitiva, se construyó el patrón provisional de latón que daba la medida del metro a partir de los datos geodésicas incompletas. Dos años más tarde, en 1795, Francia adoptó oficialmente el sistema de unidades basado en el metro.

Méchain, de regreso en Barcelona y ante la imposibilidad de retornar a su país, y de acceder al fuerte militar de Montjuïc, se entretuvo estimando la latitud del balcón de su habitación en el mesón Fontana de Oro , ubicada en la calle Escudellers. Mediante una pequeña cadena de triángulos geodésicos, pretendía unirla con su punto de observación en Montjuïc y de esta manera comprobar la latitud de Montjuïc que había medido. la discrepancia entre las dos latitudes, fue de aproximadamente 3 segundos de arco: había un error en sus mediciones.

A finales del 1794, el nombramiento de un nuevo capital general, permitió que Méchain pudiera abandonar Cataluña rumbo hacia Italia, desde donde retornaría a Francia. Pero terminada la guerra, el astrónomo permaneció en Marsella durante medio año con varias excusas. Desde allí, y sin volver a París, se dirigió hacia los Pirineos para terminar la cadena de triángulos. Para hacer este pequeño tramo hasta Rodez tardó casi tres años.

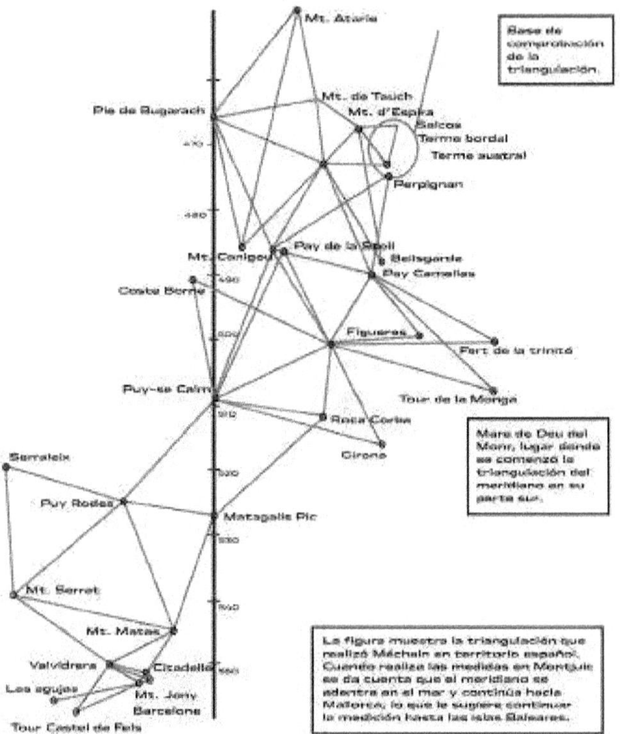

Trianguació usada por Méchain en Cataluña.

Ante la insistencia de París para terminar la medición de forma definitiva, Delambre, que ya había terminado su parte, bajó para ayudar a Méchain. Los dos se reunieron en Carcasona y juntos regresaron a París a finales de agosto de 1798 con todas las mediciones entre Dunkerque y Barcelona.

En el mes de Noviembre se reunieron, por primera vez, y bajo el nombre de Instituto Internacional los nueve países que habían aceptado la invitación de Talleyrand.

(esta institución es en la actualidad el Ministerio de Asuntos Exteriores), por colaborar en los cálculos y operaciones necesarias para determinar los patrones del nuevo sistema métrico decimal. entre estos personajes cabe citar a los dos españoles: Gabriel Ciscar y Agustín de Pedrayes, pero con ellos había otros representantes de los otros ocho países Dinamarca, Toscana, la República Romana , República Cisalpina , República Liguriana, República Helvética, y el gobierno provisional de Piamonte y Batavia.

Durante seis meses Trallés, Van Swinden , Delambre y Legendre efectuaron los cálculos necesarios para determinar matemáticamente la longitud de la diezmillonésima parte del cuadrante del meridiano de París, el metro, y los patrones de capacidad, un decímetro cúbico o litro, y de peso, el peso de un decímetro cúbico de agua destila • lada , el kilogramo. Hay que decir que Legendre, a pesar de no haber participado en la medición, fue uno de los miembros del comité más activos en la realización de los cálculos.

Finalmente, el 22 de Junio de 1799, el representante de Holanda, Van Swinden, leyó ante los delegados las conclusiones finales. Después de largos cálculos, y algunas concesiones poco justificadas, se decidió que el metro, la diezmillonésima parte del cuadrante de un meridiano terrestre, mediría 3 pies de rey, 11 líneas y 296 mil • milésimas de línea, casi 0'32 mil • milímetros más corto que el metro provisional calculado en 1795. Una toesa francesa de seis pies valdría 1.9490366 metros.

Una ley del 10 de diciembre de 1799 firmada por el primer cónsul, Napoleón Bonaparte , establecía esta medida con el lema

"Para todos los pueblos para todos los tiempos"

Había nacido el metro, el nuevo Sistema Métrico Decimal.

7.2.-   La comprobación

En el informe de Van Swinden, no se dio por terminado el proyecto ya que quedaba pendiente la posible prolongación la medición hasta la isla de Cabrera.

Pero llevar a cabo esta ampliación no fue posible sino hasta 1802. En las actas del 31 de Agosto de 1802, el organismo francés encargado de la astronomía y la geodesia, la Oficina de Longitudes, recoge la noticia de que uno de los sus miembros, propuso continuar las operaciones geodésicas en España. Méchain, responsable del observatorio de París, es invitado a dar su opinión. Redactó un informe al ministro de interior, con un plan de trabajo preciso, llevar la triangulación hasta Ibiza , bajando por las montañas catalanas hasta Tortosa para encontrar puntos desde los que se pudiera ver la isla.

La utilidad de la operación se justificaba con argumentos matemáticos orientados a tener un mayor grado de exactitud en la determinación del metro, ya que se podrían eliminar algunos de los artificios matemáticos que habían tenido que utilizar debido a que desconocían el grado de aplanamiento de la tierra. Al mismo tiempo, Méchain reclamó hacerse él mismo cargo de la expedición.

El 13 de Octubre de 1802 Méchain recibió la orden de viajar a Barcelona y a Baleares. Se solicitó al rey de España el permiso y la colaboración, y se aportaron los fondos y los materiales necesarios. Obtenido el acuerdo con el gobierno español, que preparó un equipo formado por Pascual Enrile (oficial de marina) y de nuevo José Chaix para acompañar al equipo francés.

Méchain se preparó para emprender su viaje. Llegó a la ciudad condal el 5 de mayo de 1803. Si en el primer viaje todo habían sido facilidades, ahora todo eran esperas. El capitán general no había recibido órdenes de Madrid; el barco prometido al oficial Enrile estaba parado en Cartagena, esperando una mejora del tiempo. Méchain desesperado escribe al embajador para facilitar las autorizaciones necesarias para llevar a cabo su misión. Mientras tanto, con un permiso del capitán general, fue recorriendo una por una todas las montañas de la costa catalana con la esperanza de divisar desde alguna de ellas las islas.

Durante los meses de Septiembre y Octubre de 1803, con una gran falta de medios, Méchain y sus colaboradores comienzan una serie de mediciones de triángulos a lo largo del litoral catalán para unir Tortosa con Montserrat permitiendo la prolongación de la medición efectuada en 1792. Mientras, el barco de Enrile, fue desviado a Menorca resguardado con cuarentena por miedo a que contagiara la fiebre amarilla. Chaix, desmoralizado y reclamado en Madrid, abandonó el proyecto. Méchain aceptó sustituirlo por un fraile profesor de matemáticas barcelonés, Agustín Canelles y Carreras y un noble valenciano, astrónomo aficionado, Fausto Vallés y Vega, XII barón de la Pobla Tornesa y la Sierra Engarcerán.

Aún sin barco Méchain decide prosiguió hacia al sur, hacia Valencia, su búsqueda de una cima desde donde se divisaran las islas. Con el varón subió a una de sus propiedades, la cima del Desierto de las Palmas (situado al norte de Castellón) desde donde pudo ver Ibiza. Con sus colaboradores , permaneció en casa del varón hasta que se le comunicó la disposición de otro barco.

Volvió a Barcelona y el 8 de Enero de 1804 embarcó hacia Ibiza, pero no encontró ningún punto desde donde atisbó la costa catalana o valenciana. Y viajó a Mallorca, y se decidió: unir Mallorca con los picos del desierto, el Montsià, y el monte de Morella. Mediría la base de con-control en Mallorca y realizaría una triangulación interna de las islas para llegar a Ibiza y Cabrera , teniendo como soporte las montañas de los Masones .

En este momento llegaron las respuestas a sus cartas. La Ofician de Longitudes le ordenó unir la cadena de la costa con las islas a través de Ibiza y Cullera, midiendo la base en algún lugar conveniente de esta última población. Un Méchain cansado no se atrevió a replicar las instrucciones de sus superiores y viajó hasta Valencia. En el mes de Abril de 1804 llegó a casa del barón de Puebla Tornesa, donde descansó, y empezó a hacer sus primeros mediciones. Después de recorrer de nuevo las montañas valencianas, decidió situar su base en la Albufera, en las marismas de Santa María, en el Norte de Valencia.

Decididas las estaciones de su cadena , regresó a Cullera. Allí pudo constatar la enorme dificultad de ver claramente la montaña de Ibiza. Aún así, comnzó a medir su base, y cuando llegó a Espadan cayó enfermo de paludismo. Finalmente, fue bajado a Castellón donde el 20 de Septiembre de 1804 murió.

Sus ayudantes volvieron a Francia con la mayor parte de los utensilios y los cuadernos de notas de Méchain, ante la posible reanudación del trabajo. Pero en esta época comprobar la exactitud del metro, era un tema irrelevante. Los problemas del metro eran más de implantación que de exactitud. Los científicos de la época ya habían aceptado que el metro legal no era más que la longitud entre dos puntos.

En este momento el reto científico, era conocer exactamente las medidas de los arcos de meridiano sobre la Tierra. Por este motivo, Laplace , uno de los matemáticos más influyente de la época, solicitó al emperador Napoleón la continuación del trabajo de Méchain en Cataluña, Valencia y Baleares. La propuesta fue aceptada, y se propuso a Jean Baptiste Biot, científico reconocido, y su joven ayudante, Jean François Dominique Aragón, para reanudar esta tarea.

El 20 de Septiembre del 1806, justo dos años después de la muerte de Méchain, llegaron a Barcelona los dos científicos franceses. Para acompañarlos estaban asignados a la operación el matemático español José Rodríguez Gonzalez y José Chaix.

El resultado de su labor , fue llevar a cabo la prolongación de la medida hasta la isla de Formentera, comprobar que el valor del metro deducido apenas variaba un par de mil • milésimas de mil • milímetro y un proyecto que tardaría tres cuartos de siglo a realizarse: la prolongación del metro hasta las costas de Argelia.

La medición definitiva del meridiano se lleva a cabo entre el 4 de Agosto y el 28 de Septiembre de 1878. En este proyecto se realiza, mediante triangulación geodésica, la prolongación del meridiano hasta los picos de Filhaussen y M'Sabiha en Argelia, pasando por la provincia de Almería. Esta nueva medición fue llevada a cabo por el coronel español Ibáñez, y los franceses Peytier y Biot.

8.-   EL MÈTODO MATEMÀTICO: la triangulación

Si se quiere determinar la distancia entre dos puntos de la tierra alejados entre ellos, el método de medición tradicional es inútil.

Es decir, lo que se obtiene de poner una tras otra las reglas con una determinada unidad de medida. Es necesario encontrar un método que no dependa de la configuración del terreno, de las montañas o de los valles. Como ya se ha citado, este método es la triangulación y fue inventado a principios del siglo XVII por el astrónomo matemático holandés Snell.

El método de la triangulación supuso para la geodesia, la ciencia que estudia la forma y las dimensiones de la Tierra, una auténtica revolución. Gracias a este técnica, en lugar de medir longitudes sobre el terreno, sólo es necesario una única longitud y muchos ángulos, desde alturas, sin obstáculos, y luego utilizar las herramientas de la trigonometría.

El teorema del seno de la trigonometría plana es básico en el método de la triangulación , así que para entenderlo lo primero que haremos se recordó el teorema del seno y su demostración.

Teorema del seno
Teorema:

Sea un triángulo de lados a, b, c y ángulos A, B, C tal y como muestra la figura:

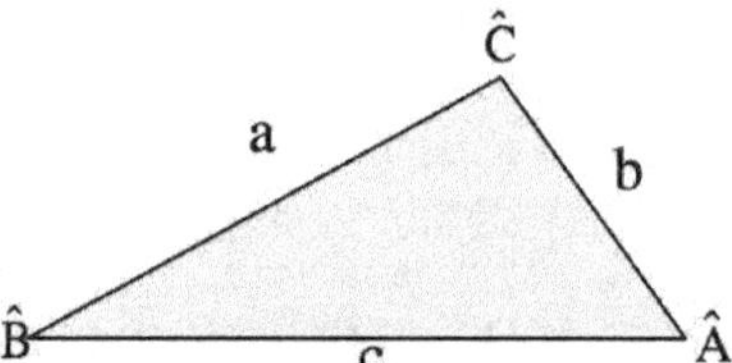

Entonces se verifica:

TEOREMA DE SINUS

$$\frac{a}{\sin A} = \frac{b}{\sin B} = \frac{c}{\sin C}$$

Demostració:

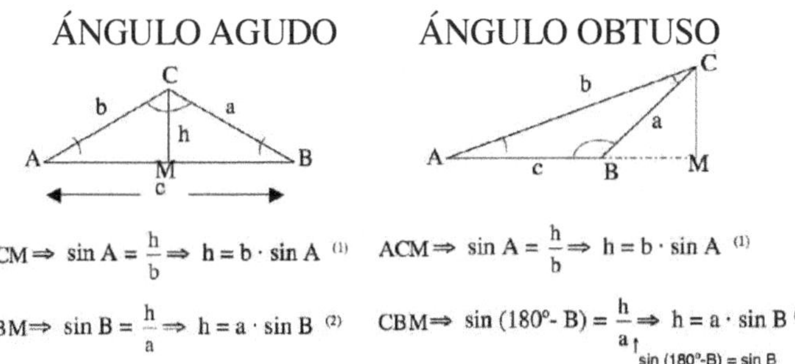

$$ACM \Rightarrow \sin A = \frac{h}{b} \Rightarrow h = b \cdot \sin A \quad (1)$$

$$CBM \Rightarrow \sin B = \frac{h}{a} \Rightarrow h = a \cdot \sin B \quad (2)$$

$$ACM \Rightarrow \sin A = \frac{h}{b} \Rightarrow h = b \cdot \sin A \quad (1)$$

$$CBM \Rightarrow \sin (180° - B) = \frac{h}{a} \Rightarrow h = a \cdot \sin B \quad (2$$

$$\sin (180°\text{-}B) = \sin B$$

Igualando h en las ecuaciones (1) y (2) obtenemos:

$$b \cdot \sin A = a \cdot \sin B \Rightarrow \frac{a}{\sin A} = \frac{b}{\sin B}$$

Si hiciéramos lo mismo dibujando la altura desde el vértice A obtendríamos que:

$$\frac{c}{\sin C} = \frac{b}{\sin B}$$

En la práctica, el territorio a medir se recubre con una red de triángulos geodésicos, formados a partir de un lado, la base de la triangulación, y los vértices en estaciones geodésicas, fáciles de localizar, como torres de iglesia, castillos, montañas, ... formando una cadena de triángulos a partir del lado conocido. Para poder hacernos una ideal del método, suponemos que empezamos de la base AB conocida, " base de la triangulación " , que corresponde a una longitud fácil de medir y lo más recta posible , como por ejemplo un trozo de carretera. Hay que decir que esta medición debe ser muy cuidadoso porque un pequeño error inicial puede conllevar grandes errores finales.

Determinar la longitud entre B 'y F, y que tejemos la red de triángulos que forma la figura. Se miden los ángulos del triángulo ABC, y utilizando el teorema de senos calculamos AC y BC. Conocido el lado AC y midiendo los ángulos del triángulo anterior ACB', se pueden determinar, usando de nuevo el teorema del seno, el lados AB' y B'C. De la misma manera se van obteniendo se van obteniendo los lados AD, BD, DE, DF, etc.

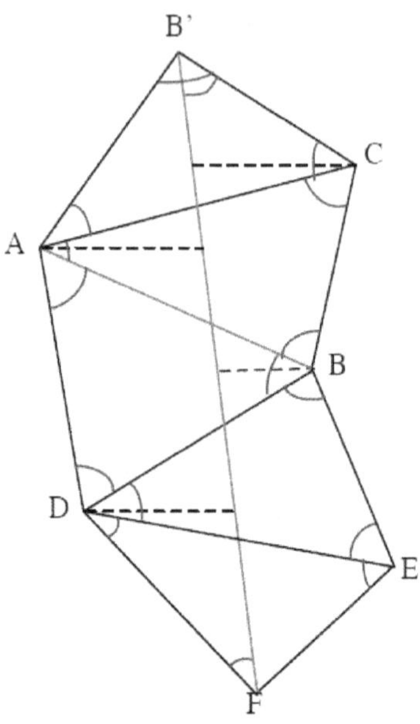

En el siguiente paso se calculan las proyecciones de los lados sobre el tramo de meridiano FB'. Para ello es necesario conocer los ángulos que forman los lados con el meridiano. En realidad es suficiente conocer el ángulo FB'C; con este dato podemos encontrar todo lo demás. Por ejemplo, el ángulo que forma el lado AC con el meridiano, es el resultado de restar a 180° los ángulos conocidos FB'C y B'CA. De esta manera se puede ir midiendo trozo a trozo el meridiano de B ' F. Para hacer más fiables los resultados, se midieron los ángulos en los dos extremos de la cadena. Y para alcanzar un mayor grado de precisión mediana sobre el terreno otro lado de los triángulos, base de control, y se contrastaba el resultado teórico calculado con la trigonometría y el resultado práctico.

Por Ejemplo Delambre midió dos bases de 1200 metros cada una, y a pesar de que entre ambas había una distancia de 700.000 metros, concordaron con una precisión de 3 decímetros.

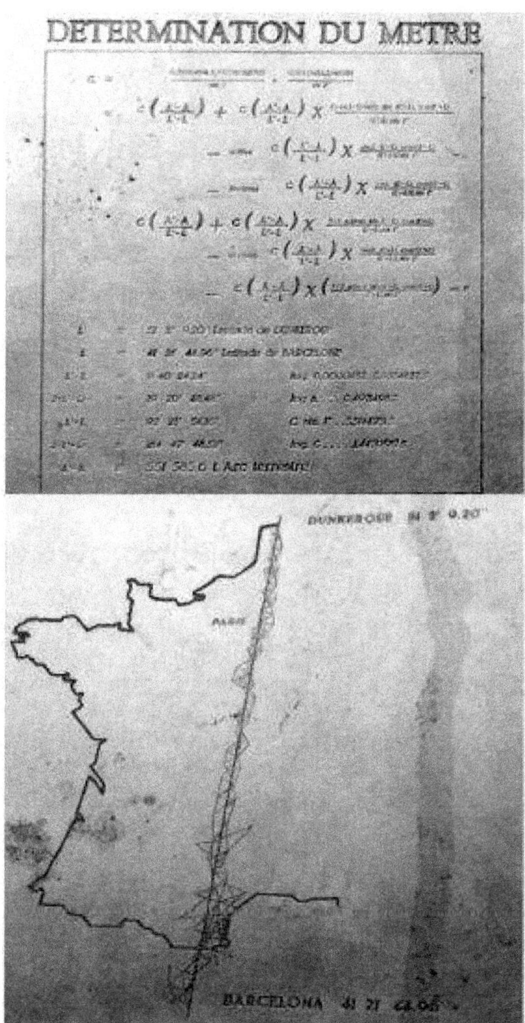

Hay que decir, que este resultado sería perfecto si la red de triángulos estuviera sobre una superficie plana, pero en la realidad no es así. En primer lugar, no todas las estaciones están situadas a la misma altura y por ello es necesario reducir cada triángulo en el plano del horizonte. Y en segundo lugar, al tratarse de mediciones sobre la superficie de la tierra hay que tener presente su curvatura y no utilizar sólo la trigonometría plana sino también fórmulas correspondientes a la resolución de triángulos esféricos. así que el método empleado fue un poco más compleja de lo que acabamos de revelar.

Pero para poder comprender la cantidad tan grande de cálculos que se tuvieron que realizar, realizaremos un ejemplo práctico, reharemos la aplicación del teorema del senos que se hizo en la última triangulación realizada por Méchain, que tantos dolores de cabeza le dio:

El triángulo más pequeño del final de la triangulación es el corresponde al triángulo de la figura que tiene por vértices:

1- La Torre del homenaje del castillo de Montjuïc.
2- Fontana de Oro en la calle Escudellers.
3- La torre del Reloj, en el puerto de Barcelona, donde en la época de Méchain había un faro.

Imágenes de la torre del reloj , el castillo de Montjuïc y la placa conmemorativa de los 200 años del medición que podemos encontrar en el castillo.

En el cuaderno de Méchain encontramos las siguientes anotaciones:

Distancia desde Montjuïc hasta la Fuente de Oro 1089'2 Toteses

Ángulo medido desde la Torre del castillo: 24° 39 ' 23 "
Ángulo medido desde la azotea de la Fontana de Oro: 75° 26'

Méchain calculó la distancia entre la Torre del reloj y Montjuïc de la siguiente manera:

Teniendo en cuenta que los ángulos de un triángulo miden 180°, podemos calcular el ángulo medido desde la Torre del Reloj realizando un pequeño cálculo:

$$180° - 24°39'23" - 75°26' = 79°54'37"$$

Y de esta manera mediante el teorema del seno que ya hemos recordado podemos calcular la distancia entre la Torre del Reloj y Montjuïc:

$$\frac{d(\text{Torre del Reloj-Montjuic})}{\sin 75°26'} = \frac{d(\text{Montjuic-Fontana de Oro})}{\sin 79°54'36"}$$

d (Torre Rellotge – Montjuïc) = 1070'747901 toeses

En la página siguiente podemos encontrar como se triangular el territorio entre Dunkerque y Barcelona. Como se puede observar la cantidad de triángulos que hicieron Méchain y Delambre es enorme. Debajo de estas palabras se puede ver los triángulos geodésicos que se emplearon cerca de la capital catalana.

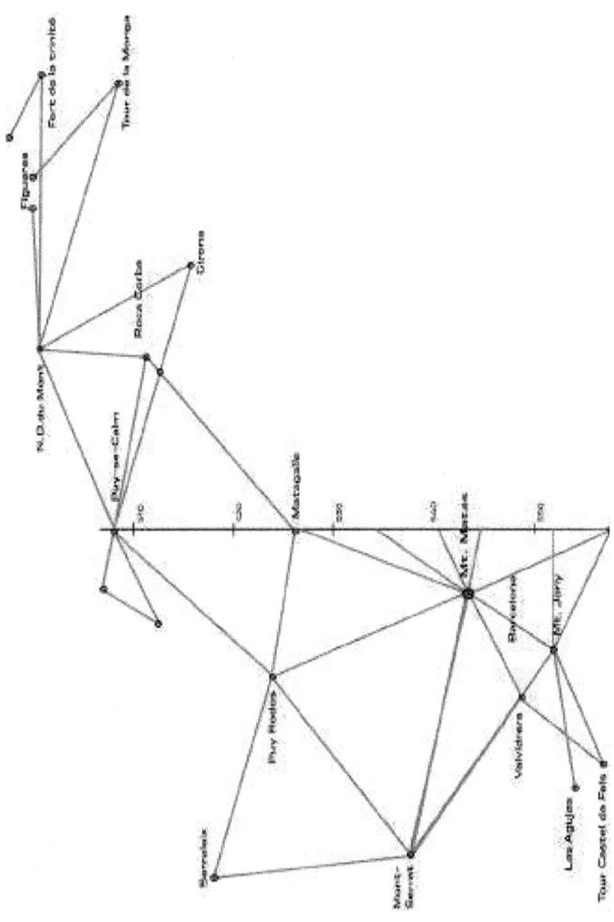

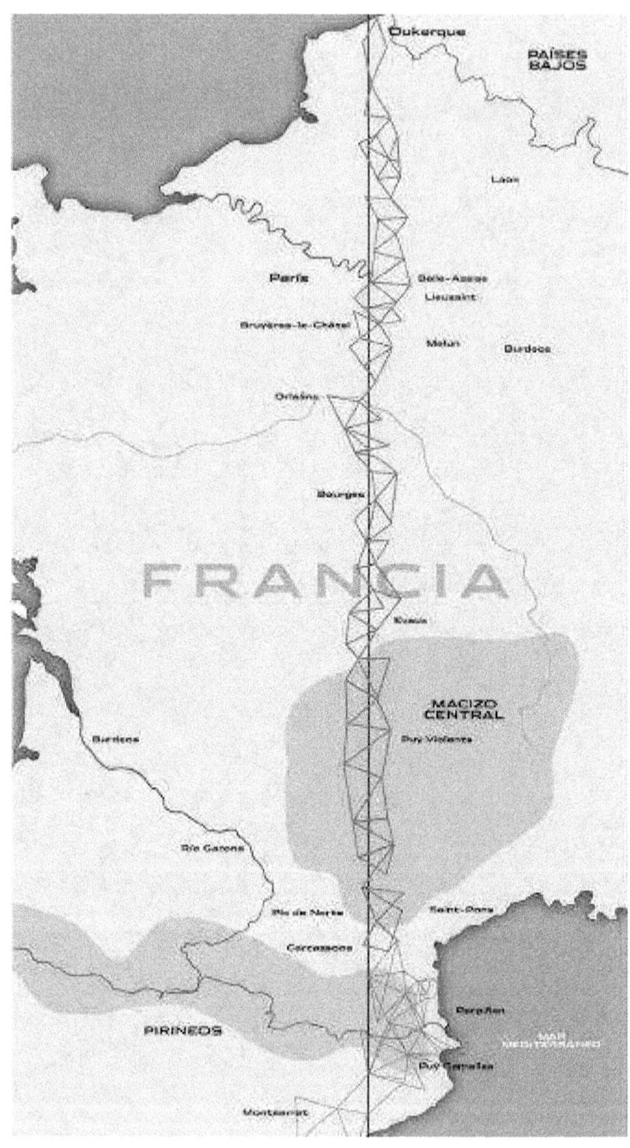
Dunkerque
PAÍSES BAJOS
Laon
París
Salle-Assac
Lieusaint
Bruyères-le-Châtel
Melun
Burdeos
Orléans
Bourges
FRANCIA
Evaux
MACIZO CENTRAL
Puy Violente
Burdeos
Río Garona
Río de Norte
Saint-Pons
Carcasona
Perpiñán
MAR MEDITERRÁNEO
PIRINEOS
Puy Camelas
Montserrat

9.- EL PATRÓN DEL METRE.

Como ya se ha dicho en 1795 se decidió la primera definición del metro . En el año 1799, cuando todavía no se habían acabado los cálculos, la Asamblea francesa construyó una regla de platino que materializa el metro, el encargado de esta tarea fue Étienne Lenoir, considerado el mejor constructor de instrumentos científicos en aquella época.

Pero para facilitar la introducción del metro, también había que construirse miles de ejemplares de las nuevas unidades para repartirlos por los 559 distritos de la República, por lo que se hizo un gran número de réplicas de aquel primer modelo hecho por Étienne.

Pero el objetivo francés era la implantación del sistema métrico como sistema internacional de medida. En esta tarea de difusión tuvieron una importante relevancia las exposiciones universales de la segunda mitad del siglo XIX.

En la exposición universal de París de 1867, los delegados de la mayor parte de los países presentes constituyeron el Comité de Pesos, Medidas y Monedas, con el fin de lograr la uniformidad.

El gobierno francés invitó oficialmente el 16 de noviembre de 1869 a 38 naciones para constituir la Comisión Internacional. La Comisión Internacional se constituyó en País el 8 de Agosto de 1870, con la ausencia de muchos países debido a la guerra franco - prusiana que acababa de empezar.

La Comisión se volvió a reunir en 1872 decidiendo la construcción de más patrones de platino, con iridio en un 10%, para repartirlos entre los diferentes países participantes.

La sección transversal del nuevo patrón fue propuesta por H. Tresca que lo diseñó en forma de X asimétrica para optimizar la relación rigidez -masa y conseguir que en el plano neutro coincida con la superficie exterior donde había que grabar las líneas.

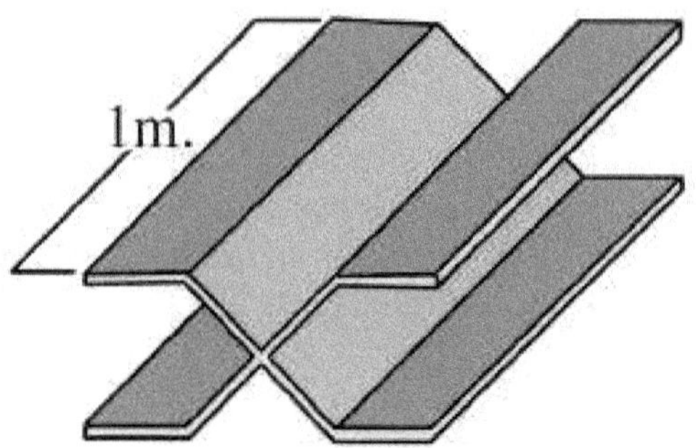

Como ya se ha mencionado, en posteriores mediciones del meridiano se mejoraron los resultados quedando la longitud del patrón 228,8 μm por debajo de la diezmillonésima parte del arco de meridiano.

Pero era necesario mantener el valor del metro como patrón, cuyo uso se había generalizado. En 1889 se reunió, por primera vez, la Conferencia General de Pesos y Medidas y se dio una nueva definición de metro:

**"El metro es la distancia, a 0°C, entre dos
trozos marcados en una barra de platino e iridio ,
que se encuentra depositada en el pabellón de Bremen
teuil , en Sèvres."**

Esta nueva definición supone el abandono de la idea inicial: "universal y natural". Por ello y para evitar su extinción, se elaboró un gran número de réplicas de seguridad.

También se hicieron varias copias que se retiraronn por los países asistentes a la conferencia. la marcada con el número 24 es la correspondiente a España, y que está depositada en el Instituto Catastral de Madrid.

El desarrollo científico cada vez exige medidas más precisas y se busca la manera de reproducir con la mayor exactitud posible el metro. Como veremos más adelante, para alcanzar este mayor grado de exactitud han ido dándose nuevas definiciones de metro.

10.- LA INSTAURACIÓN DEL METRO
10.1.- La instauración en Francia

Legendre en el decreto del 7 de abril de 1795, recoge en sus veintidós ocho artículos, el enorme trabajo que quedaba de antemano para difundir a través de la población, las nuevas unidades.

En el artículo 11, y tal y como ya se ha mencionado, se dictamina la formación de una agencia temporal, compuesta por tres miembros, que sería la encargada de todo lo que involucre la renovación de los pesos y las medidas. Las tareas asignadas a esta comisión fueron:

- Buscar y utilizar los mejores medios posibles para la fabricación de nuevos pesos y medidas .
- Hacer los patrones que se deberían enviar a cada uno los distritos de la República.
- Hacer y editar las instrucciones convenientes para aprender las nuevas unidades.

Tres días después de la publicación del decreto, la Agencia

61

Temporal de Pesos y Medidas quedó constituida por Adrien-Marie Legendre, Charles - Étienne Cocquebert y François Gattey.

Su tarea fue de una enorme importancia, crearon multitud de documentos para dar a conocer a los ciudadanos las nuevas unidades, y de esta manera llegó a la aceptación del nuevo modelo. Para ello se enviaron a cada uno los distritos instrucciones sencillas y tablas comparativas del nuevo sistema de unidades. En las escuelas públicas, se enseñaron los primeros elementos del sistema métrico decimal, incluso, Legendre se encargó de dar las primeras lecciones sobre las unidades de medida en la Escuela Normal.

Además, la comisión también vigiló de cerca a los artesanos encargados de la confección de los patrones, dándo instrucciones muy detalladas de cómo era necesario que fueran, tanto en el material como en la forma.

En un primer momento la difusión se concentró en París y su entorno, con la esperanza de que la capital sirviera de ejemplo al resto de la República. El 10 de diciembre de 1799 se hace teóricamente obligatorio el uso del Sistema Métrico Decimal en Francia. A pesar de esta ley, la implantación del nuevo sistema métrico casi tardó medio siglo más en hacerse efectiva. En 1812 se aceptaron múltiplos o fracciones no decimales con los nuevos tradicionales: como por ejemplo, el medio kilo que se llamaba libra. La obligatoriedad de-definitiva llegó a Francia en Julio de 1840 .

10.2.- La instauración en España y el resto de Europa

Como ya explicado en la Comisión Internacional de Pesos y Medidas participaron dos españoles: Gabriel Ciscar y Agustín de Pedrayes.

Estos científicos españoles, con el patrón ya fijado intentaron que el rey de España aceptara las nuevas unidades. Pero Carlos IV no se decidió a introducir el nuevo sistema, e intentó unificar los pesos y las unidades de medida, decretando como obligatorias uso de las unidades más utilizadas en Castilla.

La introducción del nuevo Sistema métrico decimal quedó paralizada hasta que el 19 de Julio de 1849 la reina Isabel II promulgó una ley que dice:

"Doña Isabel II, por la gracia de Dios y la Constitución de la Monarquía Española, Reina de las Españas , a todos los que las presente vieran y entendieran , sabed que las Cortes han decretado y nos han sancionado lo siguiente :

Artículo 1º. En todos los dominios españoles habra un solo sistema de Medidas y pesos (...).

Artículo 10º. (...) En primero de Enero de 1860 será este obligatorio para todos los estados epañoles.

Artículo 11º. En toda las escuelas públicas o particulares, en que se enseñe o deba enseñar-la aritmética o cualquiera otra parte de las matemáticas, será obligatoria la del sistema legal de medidas y pesos y su nomenclatura científico científica, desde el primero de Enero de 1852, quedando facultado el Gobierno para cerrar dichos establecimientos siempre que no cumplan con aquellas obligaciones "

Tal y como Érase Pasado con la vecina Francia , a pesar de la ley que obligaba al uso del sistema métrico. la implantación de la ley no se hizo efectiva hasta el día 1 de Julio del 1880. Una ley de 1892 corroboró el uso del nuevo sistema mano y retiró el antiguo sistema de unidades.

La implantación del sistema métrico se realizó lentamente en toda Europa. Los primeros países en adaptarlo fueron la actual Bélgica, Holanda, Luxemburgo en 1816; y Francia, Italia y España a mediados del siglo XIX. Durante la segunda mitad del siglo XIX y principios del XX el resto de países europeos aceptaron las nuevas unidades , tal y como se refleja en el siguiente mapa:

Hay que decir que, como se ve en el mapa Gran Bretaña aceptó el nuevo sistema métrico en   1864, pero la tradición anglosajona, altamente utilizada en la Revolución Industrial, no se retiró provocando la situación actual donde conviven las medidas antiguas y el moderno sistema métrico decimal. Hay que decir, que a pesar de que muchos países de habla inglesa como la propia Gran Bretaña o Estados Unidos utilicen pulgadas, pies, millas , librAs , galones, como unidades comunes para medir longitudes, pesos y volúmenes; todas estas unidades tradicionales son de uso legal.

11.- EL SISTEMA INTERNACIONAL DE UNIDADES

Desde que el 22 de Junio de 1799 se depositaran en los Archivos de la República, en París, las dos piezas de platino e iridio que eran la medida estándar del metro y del kilo. Las unidades de medida se han ido modificando en todos los sentidos. Primero por la evolución de la definición que ha ido cambiando en busca de una exactitud mayor, y luego por la generalización a otras unidades de medida, tipificando otras magnitudes.

11.1.- La evolución de la definició del metro

Como ya se ha dicho la definición originaria de metro como la diezmillonésima parte del arco de meridiano terrestre, quedó obsoleta cuando después de terminar los cálculos se observó su inexactitud. Y se redefinió como la distancia entre dos líneas finas trazadas en una barra de aleación de platino e iridio , el metro patrón internacional, conservado en París.

El 14 de Octubre de 1960 se da una nueva definición de metro relacionada con la óptica, se define el metro como 1.650.763,73 longitudes de onda en el vacío de la radiación rojiza del criptón 86.

Sin embargo, las medidas de la ciencia moderna requería una mayor exactitud en la unidad , y en 1983, se redefine el metro como la longitud de trayecto recorrida por la luz en el vacío durante 1/299792458 de segundo. Esta es la definición que aún está vigente hoy en día.

11.2.- El sistema internacional de unidades

Las unidades metro - kilo, cambia ya en 1874 cuando se introdujo el sistema sexagesimal (CGS), basado en el centímetro, el gramo y el segundo; es decir, se añadió la unidad de tiempo. En 1900, las tres unidades quedaron tipificadas en el llamado sistema MKS, propuesto por Giovanni Giorgi, que define como unidad de longitud el metro, de masas, el kilogramo y de tiempo el segundo. Más tarde se añadió una unidad electromagnética, el amperio , formando el sistema MKSA.

Justamente fue el MKSA quien originó el Sistema Internacional de Unidades (S.I.) . El Sistema Internacional fue adaptado y recomendado en el 11° Congreso General de Pesos y Medidas del 1960. Estos congresos se celebran cada cuatro años en París y participan los representantes de los estados integrados en la Oficina Internacionales de Pesos y Medidas, con sede en la capital francesa. El uso del Sistema Internacional permite disponer de un sistema de unidades de medida común a todos los campos de la ciencia y la tecnología.

El Sistema Internacional reúne dos tipos de unidades: las básicas o fundamentales y las derivadas. Las básicas son siete unidades independientes entre ellas, que se pueden encontrar en la siguiente tabla :

MAGNITUD	SÍMBOLO	UNITADES S.I.	SÍMBOLO
Cantidd de sustancia	n	mol	mol
Intensidad de corriente	I	amper	A
Intensidad luminosa	Iv	candela	cd
Longitud	l	metre	m
Masa	m	quilogram	kg
Temperatura termodinámica	T	kelvin	K
Tiempo	t	segon	s

El Congreso General de Pesos y Medidas de 1960 también aceptó otras unidades que, sin pertenecer al SI, son de uso habitual en muchos países. Este es el caso del litro (de símbolo del o L), que en el S.I. como unidad de volumen quedaría sustituida por metro cúbico; y también el amstrong (Â), que se utiliza para medir moléculas o átomos, y que equivale más o menos al nanómetro.

El S.I. para evitar números muy grandes o muy pequeños, admite múltiplos o submúltiplos en forma de prefijos que acompañan a los símbolos de las unidades fundamentales. Estos prefijos se recogen en la siguiente tabla:

MÚLTIPLOS			SUBMÚLTIPLOS		
PREFIX	SÍMBOL	FACTOR	PREFIX	SÍMBOL	FACTOR
yotta-	Y	24	yocto-	y	-24
zetta-	Z	21	zepto-	z	-21
exa-	E	18	atto-	a	-18
peta-	P	15	femto-	f	-15
tera-	T	12	pico-	p	-12

giga-	G	10^9	nano-	n	10^{-9}
mega-	M	10^6	micro-	m	10^{-6}
kilo-	k	10^3	mili-	m	10^{-3}
hecto-	h	10^2	centi-	c	10^{-2}
deca-	da	10	deci-	d	10^{-1}

Normas prácticas par el uso de las unidades:

- Los símbolos que representan unidades derivadas de nombres propios se escriben con la letra inicial en mayúscula (ejemplo: Ci , Curie; A, Amper, ...), excepto el Ohm, que se escribe Ω.
- Los símbolos de las unidades no varían en plural, sólo van seguidos de un punto cuando se encuentran a final de frase.
- El producto de dos o más unidades se indica preferentemente con un punto volado como el signo de multiplicación. El cociente de dos unidades se puede indicar como un cociente normal, la barra inclinada o mediante potencias negativas.
- Los nombres de las unidades se escriben siempre en minúsculas.
- El nombre de unidades que provienen de nombres de personas se deben escribir con la misma ortografía que el nombre correspondiente pero en minúsculas. No se traducen.

El Comité Internacional de unidades y medidas todavía tiene muchos temas por resolver. Uno de los desacuerdos más importantes es el uso de la coma y el punto; para separar los decimales y los millares.

12.-BIOGRAFÍAS

12.1.-Pierre François André Méchain

Nacido en Laon el 16 de Agosto de 1744 . Fue discípulo del científico Lalande que le ayudó a iniciarse en el campo de la astronomía. Después de descubrir doce cometas, y haber demostrado el carácter planetario del astro visto por Herschel en 1781 (actualmente conocido con el nombre de Urano), ingresó en 1782 a la Academia de Ciencias.

Su primer trabajo: "Connaissance des Tiempo" lo llevó a cabo en 1788 y, cuatro años más tarde, le fue encomendada la misión de medir la geodésica del meridiano hasta Barcelona. Su trabajo consistió en medir la parte española del arco del meridiano.

En su primer viaje ya se dio cuenta de que su trabajo no sería nada fácil. Los instrumentos de geodesia creaban cierta desconfianza dentro del mundo revolucionario español. Además , su triangulación también sufrió numerosos obstáculos debidos a la guerra existente entre España y Francia. Fue encarcelado, pero al final, consiguió una autorización para viajar a Italia, donde vivió en Genova hasta el año 1795.

Retrasó su regreso a Francia porque en su triangulación había una diferencia de 3 " entre las latitudes geodésicas calculadas en un mismo punto de Barcelona.

Estas imprecisiones fueron debidas a la acumulación de pequeños errores: desviaciones locales de las verticales, errores instrumentales, refracción imprecisa de las estrellas bajas. Pero Méchain no había cometido ningún error de cálculo. Más tarde refería todos los cálculos pero al regresar a Francia no informó de su trabajo en Academia de Ciencias. Desde entonces tuvo un carácter apagado. A pesar de las dificultades, logró que se organizara una nueva misión para prolongar el arco hasta las Islas Baleares. Salió el 26 de Abril de 1803.

Murió el 20 de Septiembre de 1804 en Castellón de la Plana, en Valencia, víctima de la fiebre amarilla y el estado agotamiento.

12.2.- JeanBaptisteJosephDelambre

Nació en Amiens el 19 de Septiembre de 1749. Fue nombrado sustituto de Méchain cuando este murió. Midió el arco de meridiano en territorio francés, de Dunkerque a Rodez. Este trabajo se alargó hasta el año 1799 y todas las interrupciones debidas a la Revolución y a la ausencia de las autoridades científicas pertinentes fue hecho prisionero bajo la acusación de conspiración.

Esta detención se debió a que no se entendieron ni los medios ni los métodos de sus estudios). La relación detallada de las operaciones constituyen los tres volúmenes de la Base del Sistema Métrico Decimal (1806-1810) que siempre ha sido considerada como una obra maestra del análisis y del rigor científico.

Delambre renovó los tres procedimientos de cálculo en geodesia. Se dedicó a la mecánica celeste y a desarrollar nuevos estudios científicos especialmente sobre el planeta Urano. Llegados a los setenta años elaboró la monumental Historia de la Astronomie que ha quedado como una obra de referencia de la astronomía clásica. Pleno de cargos y honores murió el 19 de Agosto de 1822.

12.3.-JeanFrançoisDominique Aragó

Nació el 26 de febrero de 1786 en Estagell (cerca de Perpiñán en la Cataluña Norte), donde su padre era el alcalde .

Su interés por la astronomía empezó a raíz de la presencia de Méchain en Estagell con motivo de la medición del meridiano de Dunkerque - Barcelona.

Después de terminar sus estudios secundarios Perpiñán , en 1803 ingresó en la Ecole Polytechnique de París.

En esta institución llegaría a ser profesor unos años más tarde.

En el año 1805 fue nombrado secretario de la Oficina de Longitudes y dos años más tarde fue nombrado astrónomo adjunto.

También participó con Biot en una azarosa expedición geodésica por las costas catalanas y mallorquinas para prolongar la medición del meridiano Dunkerque - Barcelona hasta las Islas que fue por lo que queda constancia digna de las mejores novelas de aventuras (incluso fue dado por muerto).

En efecto, cuando estaba terminando la triangulación de Mallorca a mediados de 1808, se inició la guerra de la Independencia franco-española, fue considerado por los propios insulares como presunto espía francés. Pudo escapar de Mallorca en un barco español hacia Argelia, pero antes de llegar a destino fue capturado por los piratas que dominaban las aguas del Mediterráneo de la época y es enviado prisionero a Bey. Desde esta población se dirigió por mar hacia Marsella, pero durante la travesía fue capturado por un barco español y nuevamente encarcelado. Ya en libertad, decidió embarcarse y continuar su viaje hacia Marsella, pero el destino en forma de tormentas y la guerra le obligó a terminar su trayecto a Bujía. Desde aquí y disfrazado de beduino, embarcó en Argelia hacia Marsella. Finalmente el 2 de Julio de 1809 y sin escaparse antes de la persecución de un crucero inglés acabó llegando a Marsella. A pesar de estas desventuras pudo conservar entre sus manos los estudios y todo el trabajo efectuado en las Islas.

Miembro de la Sociétéd'Arceuil, en 1809 y a la edad de 23 años es nombrado profesor de geometría analítica en la EcolePolytechnique, cargo que ostentaría hasta el año 1830. Entre 1813 y 1846 fue el director del Observatorio de París.

En esta institución enseñó astronomía, colaborando con el Anuario de la Oficina de Longitudes y siendo coeditor, junto con Gay- Lussac, en los Annales de Chimie et de Physique. En 1830 fue elegido secretario vitalicio de la Academia de Ciencias.

En 1830 inició su carrera política al ser elegido diputado por el departamento de los Pirineos Orientales (Rosellón) y más tarde por París. Es parlamentario hasta el golpe de estado de 1852 y preside el Conseil Général de Sena. De familia con profundas convicciones republicana participa en la Revolución de 1848 donde ejerce una acción moderadora, siendo miembro del gobierno provisional, ministro de Marina y después ministro de la Guerra. En esta época promulga el decreto de abolición de la esclavitud en las colonias. Como presidente del comité ejecutivo, y de forma interina , ejerce el cargo de jefe del estado francés.

Amigo de los científicos más importantes de la época, fue notable la influencia de Aragón en el desarrollo de la física y la astronomía del momento. Se le considera padre de la divulgación astronómica para la obra Astronomie Populaire y por su decidida voluntad de aproximar a los jóvenes talentos la ciencia más moderna y los estudios más recientes en el campo de la matemática y la física. También popularizó los inventos de Niepce y de Daguerre, al tiempo que fue un activo defensor de la reforma de la enseñanza, la libertad de prensa y de las ciencias aplicadas.

Murió en el Observatorio de París el 2 de Octubre de 1853.

12.4.-Jean Baptiste Biot

Nace en París en 1774. Al finalizar los estudios en el Colegio Louis- le-Grand de París, debido al conflicto que tenía con su padre, se alistó como artillero. Dos años más tarde, entró en la Ecole des Ponts et Chaussées y luego en el Ecole Polytechnique que hacía poco que se había creado.

En 1797 se instala • en Beauvais, donde es luego nombrado profesor en la Ecole Centrale antes de volver a la Ecole como examinador.

Ocupó la cátedra de matemáticas del Collège de France cuando solo tenía veintidós seis años. El 1806 es astrónomo asistente en la Oficina des Longitudes y posteriormente profesor de astronomía en la Facultad de Ciencias de París en 1808, donde fue decano de 1840 en 1849 .

A lo largo de su carrera diferentes academias reconocen el trabajo de Biot admitiéndolo en sus filas: la Academia de Ciencias desde 1803, la de Inscripciones y Bellas Letras en el 1841 y finalmente la Academia Francesa en 1856 .

Los trabajos de JeanBaptisteBiot están marcados por una gran diversidad.

Uno de más importantes es el relacionado con los meteoritos caídos en Laigle en el 1803, donde determinó su origen extraterrestre. Más adelante participó en una expedición científica en globo en compañía de Gay-Lussac, para estudiar la variación de la intensidad del magnetismo terrestre con la altitud. Cuando trabajaba en la Oficina de Longitudes, Biot participó en diferentes misiones de investigación; en 1806, se trasladó a España con Aragón para realizar en este país la medición de un arco del meridiano. Posteriormente efectuó operaciones similares en Escocia y en las Shetland, en Italia y Sicilia.

Pero fue en el campo de la polarimetría que Biot destacó especialmente. Observó la rotación del plano de polarización de la luz mezclando una solución líquida y estableciendo las leyes a partir de esa experimentación. Al sentar las bases de la sacarímetría, aplicó estas leyes en la investigación del estado de cristalización de los cuerpos y determinó la naturaleza y la cantidad de azúcares de una solución. En el campo del electromagnetismo, trabajó con FélixSavart sobre la ley que lleva su nombre y que da la variación del campo magnético producido por una corriente eléctrica en función de la distancia. Se interesó en la historia de las ciencias y también escribió obras sobre la astronomía india y china de gran calidad. Murió en 1862 dejando una obra rica y diversa.
metida .

12.5.- Agustí Canelles i Carreres

Nace en Alpens 1765 y luego sus primeros estudios se traslada a Barcelona, donde estudió filosofía, matemáticas y náutica. En 1789 viajó a México, en Veracruz, y entró poco después como Fraile del orden de los trinitarios calzados. Volviendo a Barcelona, fue catedrático de Cosmología y Matemáticas.

En 1803 ingresó en:

Reial   Academia de Ciencias Naturales y de las Artes de Barcelona.

En su discurso de ingreso en la Academia habló sobre un "Proyecto de una medida universal sacada de la naturaleza", que se basaba en el proyecto de medicióndel metro patrón, en el que contribuyó de una forma destacada,   y principalmente en la última fase durante la medición del meridiano de Dunkerque - París - Barcelona. Colaboró con los astrónomos franceses JeanBaptisteDelambre y Pierre François Méchain, durante su estancia en Cataluña hacia el 1805. Durante la guerra con Francia, estaba adscrito como topógrafo en el Estado Mayor de los generales O ' Donella y Francisco de Copons ; levantó planes de ciudades y recogió elementos para formar un plan general de Cataluña. En el 1817, un año antes de su muerte en Alella , estudió un sistema de aprovechamiento de las aguas del río Llobregat. En 1816 había publicado un libro sobre elementos de astronomía náutica, ya que también había sido profesor de la Escuela de Náutica de Barcelona.

El 9 de Abril de 1818 fue enterrado en la iglesia de Alella , como era costumbre con los eclesiásticos, ante el altar de San Antonio Abad, donde hoy en día está la imagen de San Isidro.

12.6.- Gabriel Ciscar i Ciscar

Nace en Oliva en 1760. En el 1777 obtuvo una plaza de guarda marina en la recién creada compañía de Cartagena, de la que llegaría a ser el director en 1788 con la categoría de teniente. En 1798 fue designado comisario provincial de artillería de marina en Cartagena, y ese mismo año fue elegido por el gobierno español, conjuntamente con Agustín de Pedrayes , como representante de España en la reunión convocada por el Instituto de Francia para hablar sobre el nuevo sistema decimal de pesas y medidas, que debía conducir a su unificación en los países que asistieron al congreso. Al regresar de París publicó una memoria elemental sobre los nuevos pesos y medidas decimales, aprobada posteriormente por el Instituto Nacional de Francia.

El 1802 recibió el encargo del ministro Grandallana de escribir los libros de texto que se debían usar en las academias de guardiamarina, y al año siguiente publicó el Curso de estudios elementales de marina en cuatro volúmenes. Este curso de Ciscar constituye la obra más información influyente en las enseñanzas náuticas de la España del siglo XIX. Una de las contribuciones más destacadas de Ciscar a la náutica fueron sus métodos gráficos para aislar las distancias lunares de los efectos de la refracción y la explicación de diferentes métodos gráficos para corregir las distancias lunares (1803).

En síntesis, la figura Ciscar formó parte de la generación de científicos nacidos cerca de 1760 constituida por personalidades tan relevantes como Bauzà, Espinosa y Tello, Alcalá Galiano o Mendoza y Ríos. Todos ellos continuaron la tarea de modernización técnica - científica de la marina española iniciada por Jorge Juan, AntonioUlloa, Vicente Tofinño o José de Mazaredo.

12.7.-   Josep ChaixIsniel

Nacido en Xàtiva en 1765, orientó sus intereses hacia el campo de las matemáticas y la astronomía. Viajó por Gran Bretaña y Francia para ampliar conocimientos y enriquecer sus estudios. Participó, entre 1791 y 1793, en la expedición dirigida por Delambre y Méchain para medir un arco de meridiano.

Hacia 1795 fue nombrado director del observatorio de Madrid y en 1796, cuando Godoy, por instigación de Jiménez Coronado, creó la nueva carrera de ingeniería astronómica, Chaix fue nombrado vice - director del cuerpo y al dimitir Jiménez Coronado, pasó a ser el director. También fue comisario de la Inspección General de Caminos y Canales y tuvo un cargo en una de las cátedras de la Escuela de Caminos y Canales dirigida por Agustín de Betancourt.

Publicó diferentes trabajos astronómicos en la revista "Anales de CienciasNaturales " y también fue un notable matemático. En 1801 publicó el primer volumen de sus "Instituciones de Cálculo Diferencial e Integral", obra en la que, aparte de una discusión de los principios del cálculo, Chaix desarrolló la teoría de las superficies curvas y de las curvas de doble curvatura, según los trabajos de Euler, Clairaut y Monge, y muestra un excelente dominio de los razonamientos matemáticos.

En 1807 publicó una " Memoria sobre un nuevo método general para transformar en serie las funciones trascendentes", donde utilizó el binomio de Newton utilizando solamente relaciones y técnicas puramente algebraicas, lo que lo diferencia del desarrollo que efectuó Lagrange recorriendo y relacionando los desarrollos de series con las derivadas sucesivas de la función.

Los últimos días de su vida los pasó en Valencia, donde murió en 1809.

12.8.- Antoni de Martí i Franqués

Nacido en Altafulla 1750, de familia noble, de la casa de los Ardenya. Martín de Ardenya estudió en Cervera (1762-64). Es uno de los científicos más importantes de las tierras tarragonesas, aunque poco reconocido y valorado.

Miembro de la Sociedad de Amigos del País de Tarragona desde su fundación (1786), que fomentó la industria de los hilados y tejidos de algodón y el cultivo de olivos. Fue miembro de la Academia de Ciencias Naturales y Artes de Barcelona (1786) realizando importantes lecturas. miembro de la Academia Médico- práctica de Barcelona (1790), presentó una famosa comunicación sobre los sexos y fecundación de las plantas (1791) . Colaboró con los científicos franceses en la medición del meridiano de París por los Países Catalanes.

En 1798 se instaló en Tarragona, donde reunió gran parte de su biblioteca , una colección mineralógica , un laboratorio meteorológico y material de experimentación de las plantas.

En los años 1800-01 visitó las universidades y las academias de París , Londres, La Haya, Amsterdam y Bruselas.

En 1811 estaba en Tarragona, durante el sitio Napoleónico; fue herido y una parte de sus manuscritos fueron destruidos. Residió en Barcelona los años 1829-30, donde mantuvo una tertulia sobre temas científicos. Murió en Tarragona en 1832.

El *Institut d'Estudis Catalans* tiene instituïdo un premio que lleva su nombre.

12.9.-   Faust Vallés y Vega

Nació en Castellón el 1762. Aunque su formación científica la adquirió sobre todo de manera autodidacta, sabemos, gracias a las investigaciones de Antoni Ten, que estuvo matriculado, en el curso 1797-1798 de la asignatura de química y botánica, a cargo de Tomás Vilanova y Poyanos .

Vilanova es un autor polifacético, que , además de trabajos sobre medicina , química y botánica, también se ocupó de cuestiones de matemáticas, física y astronomía. Entre sus trabajos de astronomía destacan los dedicados al planeta Herschel, descubierto en 1781, y publicados en 1785 y 1787. En el primero de ellos investigó la trayectoria del nuevo planeta , trabajo que fue elogiado por Lalande, el cual dio la noticia del trabajo de Vilanova en el " Journal des Savants ". El encuentro de Vallés con Vilanova estimuló probablemente el interés del primero por la astronomía.

Vallés reunió una excelente biblioteca y un gabinete de física experimental , además de una col ección de mineralogía y un herbolario, muestra del interés del varón por la historia natural.

Las obras publicadas por Vallés son todas de tema astronómicos e incluyen un trabajo sobre el pequeño planeta Ceres, descubierto por Piazzi en 1801, una comunicación sobre el eclipse de Sol de 1803 publicada en las Actas (Extractos de las Actas) de la " Sociedad Económica de Amigos del País de Valencia ", la previsión del eclipse de Sol de 1804 (Diario de Valencia, 27 de enero de 1804) , varias observaciones de ocultaciones de estrellas publicadas en " Variedades de Ciencias, Arte y Literatura y una nota necrológica sobre Mechain.

Esta publicación apareció en la "Monatliche Correspondez" del barón de Zach. También dejó toda una serie de cuadernos manuscritos de observaciones astronómicas.

13.- CURIOSIDADES
13.1.-Un error histórico

El 23 de Septiembre de 1999 la sonda espacial Mars Climate fue enviada por la NASA para poder mantenerse en órbita en el planeta Marte y estudiar la climatología del planeta, pero se estrelló sobre la superficie marciana. Este desastre ocurrió debido a un error de unidades.

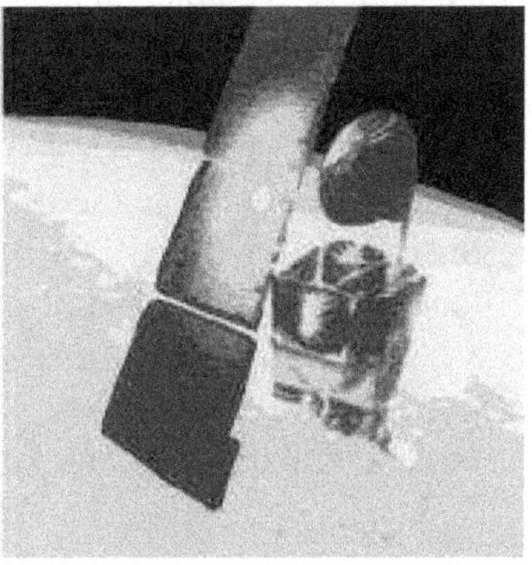

En efecto, la sonda especial Mars Climate Observer fue construida con el fin de convertirse en un satélite del planeta Marte y así poder estudiar la atmósfera y la superficie del planeta rojo. Además, tenía que proporcionar información y servir de estación de comunicaciones como apoyo a la misión de la Mars Polar Lander que debía aterrizar en Marte 6 meses después. El coste global de la Mars Climate Observer se valoró en 125 millones de dólares.

El error sucedió porque en la construcción y lanzamiento de la sonda, participaron varias empresas. En concreto la Lockheed Martín Astronautics de Denver fue la encargada de diseñar y construir la sonda espacial.

Mientras que la Jet Propulsion Laboratory de Pasadena fue la encargada de la programación del sistema de navegación de la sonda. Pero resultó que los dos laboratorios no trabajaban de la misma manera, el primero de ellos realizaba sus medidas y proporcionaba sus datos con el sistema anglosajón de unidades (pies, millas, libras); mientras que el segundo utilizaba el sistema internacional de unidades. Así, al parecer, el primero de ellos realizó los cálculos correctamente utilizando el sistema inglés y los envió a la segunda empresa, pero los datos que proporcionó se enviaron sin especificar las unidades empleadas, de tal forma que la segunda empresa las interpretó siguiendo el Sistema Internacional. El resultado fue que la Marts Orbiter tenía previsto acercarse al planeta Marte a una distancia entre 87 y 93 millas, pero lo hizo a 37 millas. El responsable del proyecto, Robert Cook, explicó posteriormente que la proximidad máxima que podía soportar la sonda era de 53 millas.

Sin embargo, la noticia no acabó aquí. A pesar de la falta de enlace, la NASA decidió enviar la Mars Polar Lander con la misión de depositarse sobre la superficie de Marte. Ante los problemas surgidos con su antecesora decidieron corregir los datos en pleno vuelo. De esta manera los científicos de la NASA corrigieron la trayectoria para orientarla en la toma de contacto. Pero el día que la sonda debía depositarse sobre la corteza del planeta se perdió el contacto. No se supo que había pasado, pues la nave se dio por desaparecida.

13.2.- Otras curiosidades

En este apartado he querido citar algunas de las curiosidades que he encontrado relacionadas con el sistema de unidades y la definición del metro.

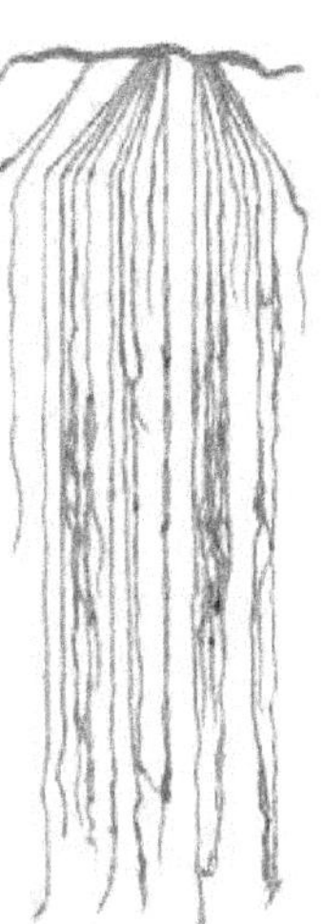

▶ ♣ En la cultura Incaica se utilizó el quipu, un   sistema de numeración mediante cuerdas con nudos. El tipo y la posición de los nudos, así como la longitud y el color tenían un valor numérico.

▶ ♣Originariamente un acre era el área de tierra labrada por una pareja   de bueyes en un día.

▶ ♣China fue el primer país que utilizó un sistema decimal. Se han encontrado reglas de madera de diez unidades que datan del siglo VI aC.

▶ ♣Antiguamente en China se comprobaba el volumen de la mercadería - por ejemplo, vino o grano - golpeando el recipienteque los contenía y detectando si el sonido produciso era el adecuado.

▶ ♣La primera aproximación del meridiano terrestre (documentada) pertenece a Erastóstenes (275-195 a.C.). El que aplicó un método deductivo en combinación con valores experimentales, llegando a la conclusión que medía 252000 estadios egipcios (1 estadio egipcio = 157,5 m) , aproximadamente 39690 km. Es sorprendente comprobar que este valor tiene una diferencia del 1% respecto a la medición actual.

▶ ♣ En el 1735, los académicos franceses Godin, Bouler y La Codamine viajan a Perú para medir el meridiano que pasa por aquella región. La experiencia no fue satisfactoria por culpa de las discrepancias entre miembros del equipo.

▶ ♣ El primer sistema normalizado de pesos surgió con la necesidad de los comerciantes de medir sus mercancías. Las pesas asirias fueron diseñadas por el rey SalmanasarIII , y tenían forma de león como se ven en las réplicas siguientes:

▸ ♣ A finales del siglo XIX el instrumento básico en las mediciones era la cadena de agrimensor, en la cual diez divisiones sumaban un metro.

▸ ♣ Actualmente Barcelona recuerda la hazaña de la medida del arco de meridiano entre Barcelona y Dunkerque, y del metro como unidad de medida de distancia, con un monumento levantado en 1992 en el centro de la plaza de las Glòries catalanas, en la intersección de la Gran Vía de las Cortes Catalanas, la avenida Diagonal y la avenida Meridiana. El monumento es obra de F. Scali y A. Domingo y fue una donación del Ayuntamiento de Dunkerque a Barcelona para conmemorar el bicentenario del inicio

de la medida del Meridiano en el año de los Juegos Olímpicos (1992). (1992).

- ▶ En la entrada de Zafra (Badajoz) hay una rac medieval de piedra en el que está cortado un pie. Se especifica que es el pie del príncipe reinante y que todo aquel que comercialice en el pueblo ha de emplear esta medida.

- ▶ Cualquier regla o cinta métrica que se quiera comercializar debe estar controlada metrológicamente por la administración correspondiente . La aprobación de un modelo de regla sale por unos 385 €.

- ▶ EnVallfogona del Ripollès econtramos un monólito dedicado al meridiano.

14.- GLOSARIO

- ▸ ♣**Geodesia:** Ciencia matemática que tiene por objeto de estudio la forma y las dimensiones de la Tierra.
- ▸ ♣**Latitud:** Distancia, contada en grados, que hay desde un punto del globo terrestre hasta el Ecuador.
- ▸ ♣**Meridiano:** Cualquiera de los círculos máximo de la esfera terrestre que pasa por los dos polos.

15.- CONCLUSIÓN

Al realizar este trabajo me he dado cuenta de la gran importancia de elaborar unos criterios unificadores de las unidades de medida, para poder desarrollar y edificar el conocimiento humano y científico. Sin estos patrones, recibos de manos de la historia, la vida sería un caos y una odisea interminable.

Toda esta unificación de medidas ha supuesto un importante avance, y a pesar de utilizarlo en nuestra vida cotidiana es difícil darse cuenta.

La curiosidad como vehículo del conocimiento resumiría la esencia de este trabajo. El hecho de buscar información sobre el metro y las diferentes unidades de medida me ha permitido ir redescubriendo culturas, civilizaciones y épocas de la historia que nos han precedido en el camino del conocimiento y el desarrollo cultural de nuestro mundo. Es como volver al principio de los principios donde faltaba tanto para ver, para sentir y descubrir, y donde todo eran poco más que pequeños cálculos, ideas para aplicar y que sólo el paso del tiempo ha dado la razón a aquellos que con visión de futuro han dado sentido a la necesidad de crecer en el conocimiento.

Debido a la elaboración del trabajo he visitado el monumento dedicado al metro que se encuentra en la Plaza de las Glòrias en Barcelona haciendo un pequeño resumen fotográfico tal hay como puede ver en la portada. Mirando este monumento realmente uno se da cuenta del tiempo y los esfuerzos necesarios para completar este proyecto a pesar de las precariedades en medios y las adversidades históricas y culturales que la rodearon. Me ha sorprendido que los científicos Méchain y Delambre abandonaran su vida personal y se dedicaran exclusivamente a este proyecto.

Para realizar el trabajo he hecho una importante investigación de información en las bibliotecas y naturalmente por internet. Organizar y estructurar ordenadamente todo este volumen de información ha sido una de las dificultades más grandes en la realización del trabajo. A pesar de todo he disfrutado y he aprendido mucho en hacer este trabajo de investigación.

16.- BIBLIOGRAFÍA

▶ ♣ García Azárate, A. *"Legendre: la honestidad de un científico"*. Espanya, Nivolalibrosediciones, Febrero 2002.

▶ ♣ AdameViera, M.A; Casas García, L.M.; Jiménez Adam, M; Luengo González, R.; Mendoza García, M.; Sánchez Pesquero, C.*" Instrumentos y unidades de medidatradicionales en Extremadura"*. Badajoz, Sociedad extremeña de educación-matemática, 2000.

▶ ♣ Alzina, G; Feliu, G. "Diccionari de mesures catalanes". Barcelona, Editorial Curial, 1996.

▶ ♣ "Enciclopedia interactiva de consulta matemáticas" LectusVergara.

▶ ♣ "Enciclopedia Microsoft Encarta 2003" 1993-2002 Microsoft Corporation.

▶ ♣ "Gran Enciclopèdia Catalana" Editorial Planeta

▶ ♣ "El gran libro de consulta El País". Madrid, Edicions EL País Altea, 1995.

▶ ♣ Associació de Mestres Rosa Sensat, "Nova enciclopèdia catalana de l'estudiant", Barcelona, Carroggio, S.S. ediciones, 1999.

▶ ♣ Xavier Moret, "Metro a metro" EL PAÍS, 6 de mayo del 2003.

Pàgines wep visitades

http://www.ugr.es/~museojtg/introduccion.htm

http://www.euro-senders.com/rutes/web_cas/notes/notes_meridiaverd.htm#llocs

90

http://www.uv.es/~ten/metro.htm
http://www.astrogea.org/ipa/galeria/bcnmetro/index.
htmlhttp://www.icilacreuse.com/carte/meridien/
http://www.ville-rungis.fr/corps_merid.htm#paris
http://www.apgi.net/andouque/nouveaut.htm
http://www.ac-clermont.fr/actualit/pedago/2000france/
piquenique.htm
http://www.chez.com/t3m/doc-douzet-meridien-zero.
htm
http://saint.martin95.free.fr/lameridienneverte.html
http://smdsi.quartier-rural.org/meridiv/meridiv.html
http://perso.wanadoo.fr/arverne.03/huriel/meridienne.
html
http://www.espace-ecoles.com/animation/info/la_
meridienne_verte.htm
http://www.aude.pref.gouv.fr/actualite/act-br-meridi-
enne.htm
http://www.obs-nice.fr/bijaoui/Arago/sld082.htm
http://gallica.bnf.fr/anthologie/notices/00414.htm
http://www.el-mundo.es/larevista/num184/textos/me-
tro1.html
http://www.metrologia.csic.es/defmetro.HTML
http://www.culturaclasica.com/cultura/sistema_metri-
co.htm
~~http://www.el-mundo.es/larevista/num184/textos/
metro1.html~~
~~http://sipan.inictel.gob.pe/internet/av/sisintro.htm~~

AGRADECIMIENTO

En agradecimiento   a mi tutora de matemáticas   y Catedrática de la Universidad ... Marta Berini López - Lara sin su apoyo ... este trabajo de investigación no sería posible ... y a mi hermana Rosa Rodríguez Blanco por su colaboración para encontrar fotografías e información para aportar al trabajo de investigación ...